Christina Feldman

Aus der Fülle des Herzens

Christina Feldman

Aus der Fülle des Herzens

Buddhas Weg zu Freundlichkeit, Mitgefühl, Freude und Gelassenheit

Aus dem amerikanischen Englisch
von Dennis Johnson

Die Originalausgabe erschien 2017 unter dem Titel: *Boundless Heart. The Buddha's Path of Kindness, Compassion, Joy and Equanimity,* bei Shambhala Publications, Inc., Boulder, Colorado, USA.

Deutsche Erstausgabe
1. Auflage 2019

Lektorat: Usha Swamy
Titelfoto: © Sebastian Dumitru/unsplash.org
Hergestellt von mediengenossen.de
Druck und Bindung: Kösel, Krugzell

Dieses Buch wurde auf 100% Altpapier gedruckt und ist alterungsbeständig. Weitere Informationen über unser Umweltengagement finden Sie unter www.arbor-verlag.de/umwelt

www.arbor-verlag.de

ISBN 978-3-86781-226-9

Inhalt

✣ EINLEITUNG ✣

Die Verkörperung der Freiheit

Keine Liebe ist größer als das unermessliche Wohlwollen, das alle Wesen, alle Ereignisse und alle Erfahrungen mit unerschütterlicher Freundlichkeit annehmen kann. Kein Mitgefühl ist größer als das furchtlose Herz, dem es möglich ist, sich Leid und Schmerz zuzuwenden, vor Empathie zu erzittern und sich zu verpflichten, die Ursachen von seelischem Schmerz zu beenden. Kein Glück ist größer als Freude und Frieden aus dem Inneren. Keine Gelassenheit ist so unerschütterlich wie die tiefgründige Gleichmütigkeit eines befreiten Herzens, das der Welt der Bedingungen und Ereignisse begegnen kann, ohne daran zu zerbrechen.

Die Belehrungen des Buddha zur Kultivierung eines grenzenlosen Herzens durchdringen den ganzen Pfad des Erwachens – unermessliche Freundlichkeit, Mitgefühl, Freude und Gelassenheit. Diese Qualitäten sind als Brahmaviharas bekannt. Brahma bezeichnet die erhabene oder noble Grundhaltung dieser Qualitäten, und Vihara stammt ursprünglich von dem Wort für »Kloster«, oder meint einen Ort, an dem wir verweilen und unser Zuhause schaffen. Wir werden ermutigt, wann immer wir wach sind, im Stehen, Gehen, Sitzen oder Liegen, unser Herz zu öffnen, damit Freundlichkeit, Mitgefühl, Freude und Gelassenheit darin zu Hause sein können. Es ist die edelste Art und Weise in dieser Welt hier und jetzt zu leben.

Die Brahmaviharas sind beziehungsorientierte Qualitäten und damit die Grundlage aller respektvollen, gesunden und würdevollen Beziehungen, Familien, Gemeinschaften und Gesellschaften. Freundlichkeit, Mitgefühl, Freude und Gelassenheit sind Tugenden, das heißt: heilsame Qualitäten, die die Grundlage unseres moralischen Denkens, Sprechens und Handelns bilden. Es sind Qualitäten, die es in jedem Moment zu kultivieren gilt, inmitten all der Bedingungen und Ereignisse, die unser Leben bereithält, die angenehmen und die unangenehmen, die schwierigen und die einfachen. Die Brahmaviharas sind Pfade des Erwachens und der Befreiung, die uns ermutigen, seelischen Schmerz und dessen Ursprünge zu erforschen und den Weg zu kultivieren, um den Kampf und die Unzufriedenheit zu beenden. Ebenso verkörpern diese veredelnden Qualitäten das erwachte Herz und beschreiben damit die tiefste emotionale und psychologische Reife und Freiheit eines Menschen. Wenn diese Qualitäten ganz erblühen, werden sie als unermesslich, bedingungslos und unerschütterlich beschrieben. Sie formen und verkörpern wahrhaftig das, was wir Freiheit nennen.

Wie die Brahmaviharas miteinander verwoben sind, wird von Longchenpa, einem prominenten Lehrer der Nyingma Schule des Tibetischen Buddhismus aus dem vierzehnten Jahrhundert, treffend beschrieben:

Auf dem Boden von Freundlichkeit
Erwächst die bemerkenswerte Blüte des Mitgefühls,
Gewässert von Tränen der Freude
Und geborgen in dem kühlen Schatten des Baumes
von Gelassenheit.[1]

Freundlichkeit, Mitgefühl, Freude und Gelassenheit sind Qualitäten, die sich gegenseitig nähren, stärken, unterstützen und ausgleichen. Grenzenlose Freundlichkeit vermittelt uns eine Art und Weise in dieser Welt zu sein, die nicht länger durch Konzepte wie Freund oder Feind, Vorliebe und Abneigung oder Bevorzugung und der Forderung nach Erwiderung definiert ist. Grenzenlose Freundlichkeit ist die Wurzel von Mitgefühl und bewahrt vor Vorurteilen und Verzweiflung. Freundlichkeit bewahrt Gelassenheit vor Gleichgültigkeit.

Indem sich Mitgefühl ununterbrochen die Realität des enormen Leids in dieser Welt vergegenwärtigt, sorgt es dafür, dass Freundlichkeit nicht zu Sentimentalität und lediglich einem Zustand von Begeisterung verkommt. Mitgefühl, das seine Wurzeln in Freundlichkeit hat, wird selbstlos und bewahrt Freude vor Vergesslichkeit. Mitgefühl erweitert Freundlichkeit so, dass daraus selbstloses und heilendes Handeln entsteht.

Freude ist notwendig, um die rauen Kanten von Kummer und Schmerz zu mildern, denen wir begegnen, wenn unser Herz vor Sorge und seelischem Schmerz erbebt. Freude bringt Ruhe und Erholung in unser Bemühen, den Ursprung des Leidens zu beenden. Ein Herz voller Freude lindert Schmerz und Leid, indem es uns an das erinnert, was selbst inmitten von Stress heil und unversehrt ist, und behütet das mitfühlende Herz vor Überwältigung durch Kummer.

Freundlichkeit und Mitgefühl erhalten durch Gelassenheit Geduld und Stetigkeit; Freude beschützt Gelassenheit davor, sich in emotionalen Extremen von Überschwänglichkeit zu verlieren und bringt Ausgeglichenheit. Ebenso erhält Gelassenheit durch Freude Milde und Gleichmut. Gelassenheit erlaubt uns zu handeln, ohne mit den Auswirkungen und Ergebnissen unserer Handlungen zu sehr beschäftigt zu sein. Ihre Qualitäten von innerer Stärke und Gelassenheit erlauben uns, ohne Angst und Zögern auf die Welt unserer Erfahrungen einzugehen.

Eine Frau mit vielen Jahren Meditationserfahrung berichtete Folgendes:

> Jahrelang habe ich den Belehrungen zur grenzenlosen Freundlichkeit, zu Mitgefühl, Freude und Gelassenheit gelauscht, doch mir war ihre Bedeutung nicht wirklich klar, bis meine Tochter mit acht Jahren in die Kinderkrebsklinik eingewiesen wurde. Die Kinder in der Klinik waren alle schwerkrank und mussten sich schmerzhaften Behandlungen unterziehen. Seltsamerweise aber bildeten sie eine Art Familie. Als Sadie aufgenommen wurde, freundeten sich die Kinder, denen es gerade möglich war, gleich mit ihr an. Sie erzählten sich nicht die Geschichte ihrer Krankheit. Immer wenn es einem Kind besonders schlecht ging, kamen jene, die konnten, auf Besuch und teilten ihre Lieblingsspielzeuge. Sie konnten lächeln, lachen und spielen, und es gab viele Momente echter Freude. Wenn ein Kind entlassen wurde, haben alle gefeiert. In vielen dieser Kinder war eine erstaunliche Gelassenheit erkennbar. Ihnen war bewusst, wie viel außerhalb ihrer Kontrolle war und wie wenig Einfluss sie hatten, und dennoch war da kaum Wut oder Verzweiflung. Niemals habe ich Menschen getroffen,

die so empfänglich und auf den gegenwärtigen Moment bezogen waren. Ich habe von diesen Kindern und meiner Tochter so viel gelernt. Was sie verkörperten an Freundlichkeit, Mitgefühl, Freude und Gelassenheit waren Lektionen, die ich noch zu lernen hatte. Es sind die Lektionen, die uns in den dunkelsten Zeiten unterstützen.

Der Geschmack der Brahmaviharas ist uns nicht vollkommen unbekannt. Uns allen sind Momente spontaner Freundlichkeit, Mitgefühl, Freude und Gelassenheit begegnet. Manchmal waren wir die Empfänger dieser Qualitäten, die uns von Bekannten oder Fremden geschenkt wurden. Ebenso kennen wir alle Momente, in denen wir auf andere mit offener Freundlichkeit und Mitgefühl eingehen. Manchmal begegnen uns ganz unerwartet Momente tiefer Freude und Wertschätzung. In den herausforderndsten Situationen unseres Lebens überrascht uns gelegentlich unsere eigene Fähigkeit, ruhig und ausgeglichen zu bleiben. Solche Momente hinterlassen einen starken Eindruck, sie offenbaren uns ein inneres Potenzial und eine Art des Seins, die frei und empfänglich ist. Allzu oft erleben wir diese Momente zufällig, wie Fenster, hinter denen sich eine edlere Art zu leben zeigt, und die sich allzu einfach wieder schließen. Plötzlich sind wir wieder egozentrisch, ängstlich, achtlos und verloren in den Beschäftigungen unseres Alltags. In Zeiten großer Not und Hoffnungslosigkeit sind wir am anfälligsten dafür, Freundlichkeit, Mitgefühl, Freude und Gelassenheit verschwinden zu lassen. Doch genau da benötigen wir diese Qualitäten am dringlichsten als unsere engsten Verbündeten.

Das Geniale an Buddhas Belehrungen war es, darauf aufzubauen, was wir in unserem Leben bereits kennen und flüchtig erblickt haben. Die Brahmaviharas sind keine exotische Eingabe überweltlicher Zustände, die uns unvertraut sind, sondern eine

Einladung, die Samen von Freundlichkeit, Mitgefühl, Freude und Gelassenheit, die in jedem Herzen angelegt sind, zu wässern und zu nähren. Sie sind Pfade, die damit beginnen, dass wir anerkennen, dass die Momente der spontanen Empfänglichkeit keine zufälligen und episodischen Begegnungen bleiben müssen, sondern – mit Hingabe und Kultivierung – unser Zuhause werden können, der Ort, an dem unsere Herzen verweilen. Am Beginn unseres Weges sind diese Qualitäten nicht unermesslich und unerschütterlich, sondern flüchtig, unvorhersehbar und unberechenbar. Wir werden all der Momente in unserem Leben gewahr, in denen wir etwas anderes als Freundlichkeit verkörpern, die Momente in denen wir uns vor Leid abwenden, die dunklen Momenten, in denen wir die Freude vergessen, und die vielen Momente von Impulsivität und Reaktivität, in denen uns Gelassenheit wie eine entfernte Erinnerung erscheint.

Anstatt uns von den vielen Momenten der Achtlosigkeit entmutigen zu lassen, – unsere Episoden von Wut, Angst, Verzweiflung und vorschneller Reaktion – verstehen wir diese doch vielmehr als den Schulungsraum, in dem wir die unermesslichen Qualitäten unseres Herzens nähren und kultivieren können. Mit dieser Erkenntnis in diesem Augenblick, mit einer Qualität von Achtsamkeit, lernen wir, Freundlichkeit inmitten von Härte zu kultivieren, Mitgefühl angesichts des scheinbar Unmöglichen, Freude inmitten von Kummer und Finsternis, und Gelassenheit inmitten der Ereignisse in unserem Leben, die dazu bestimmt scheinen, uns aus dem Gleichgewicht zu bringen. Dieser Weg wartet nicht auf ideale Bedingungen und Momente, um freundlich, mitfühlend, freudvoll und innerlich ausgeglichen zu sein. Es liegt in der Natur der Unermesslichen, alle Momente, Ereignisse und Bedingungen gleichermaßen zu umfassen. Tatsächlich können Freundlichkeit, Mitgefühl, Freude und Gelassenheit nur in der Gegenwart kultiviert werden, mit der Bereitschaft, unserem Leben mit einem empfänglichen und weisen Herz zu begegnen.

Die Brahmaviharas als Pfad der Kultivierung haben mehrere gleichermaßen wichtige Aspekte. Zunächst erinnert uns das Kultivieren von Freundlichkeit, Mitgefühl, Freude und Gelassenheit an das uneigennützige Herz jeder kontemplativen Reise. Wir lassen uns auf dieses herausfordernde Abenteuer nicht nur zu unserem eigenen Nutzen ein. Wir verpflichten uns, die Brahmaviharas zum Wohle unserer Freunde und Angehörigen wie auch zum Wohle der schwierigen und unbekannten Menschen in unserem Leben zu kultivieren. Wir lernen, den Kreis unserer Fürsorge und Anteilnahme auszuweiten, um alle Lebewesen zu umfassen. Jeder oder jede von uns hat seine oder ihre einzigartige Lebensgeschichte, die es gilt, anzuerkennen und zu verstehen. Wir haben unser jeweils eigenes Maß an Freude und Kummer, Verbundenheit und Verlust, Angst und Vertrauen. Wir alle wissen, was es heißt, Schmerz und Mühen, Akzeptanz und Ablehnung, Hoffnung und Verzweiflung zu erleben. Ebenso haben unsere Freunde und Angehörigen wie auch die schwierigen und unbekannten Menschen ihre jeweils persönliche und einzigartige Geschichte, die es gilt anzuerkennen und zu verstehen. Freundlichkeit, Mitgefühl, Freude und Gelassenheit sind allgemeingültig, grenzenlos und einschließend – ein natürliches Verweilen, das ebenso unermesslich ist wie die Welt von Entfremdung und Schmerz.

Die Brahmaviharas eröffnen uns Wege, die Unbeständigkeit unseres Lebens mit Anmut, Mitgefühl und Verständnis anzunehmen. Sie ermutigen uns ebenso, unsere Augen und Herzen zu öffnen, um zu erkennen, dass unsere Geschichte ein Teil der universellen Geschichte ist. Wir blicken um uns und erkennen, dass unsere Freunde und Angehörigen und ebenso die schwierigen und uns unbekannten Menschen jeweils ihr eigenes Maß an Freude und Kummer haben. Niemand entgeht Verlust, unwillkommenem Wandel, Unsicherheit und Unbeständigkeit. Wir alle teilen die Sehnsucht nach Glück, Akzeptanz, Liebe und Respekt. Dieses Gewahrsein schmälert in keiner Weise unsere persönliche Erfahrung, sondern stellt uns nachdrücklich in die Familie aller Wesen. Die Qualitäten von Freundlichkeit, Mitgefühl, Freude und Gelassenheit schließen niemanden aus – ihr Kultivieren ist dem Wohlbefinden, dem Frieden und der Freiheit des Herzens aller Wesen gewidmet.

Das Kultivieren der Brahmaviharas schult uns, das Herz absichtsvoll der emotionalen und psychologischen Reife und Freiheit zu widmen, das heißt, das Herz der Möglichkeit öffnen, sich mit dem Augenblick anzufreunden, Mitgefühl zu kultivieren, Freude zu vergegenwärtigen und unser Herz auf den festen Boden von Gelassenheit zu stellen. Absichten sind Wegbereiter unserer Gedanken, Worte und Taten sowie der Art und Weise, wie wir mit der Welt verkehren. Absichten haben Wurzeln und werden von diesen Wurzeln geprägt. Eine Absicht, die in Gier, Hass und Verblendung verwurzelt ist, wird sich ausnahmslos als impulsive Reaktivität und Schmerz äußern. Der Buddha hat deutlich erkannt, dass Gier, Hass und Verwirrung die Hauptursachen für Beschwernis, Angst und emotionalen Schmerz in unserem Leben sind. Sie sind tief in unseren Gewohnheitsmustern verwurzelt und bringen uns an Orte der Entfremdung, Scham, Schuld und Verzweiflung, weit entfernt von wo oder wie wir sein wollen. Das absichtsvolle Kultivieren von Freundlichkeit, Mitgefühl, Freude und Gelassenheit ist ein Gegenmittel zu den Gewohnheiten und Impulsen von Gier, Hass und Verblendung. Es zeigt uns, was es bedeutet, ein absichtsvolles Leben zu führen, indem es unsere zutiefst geschätzten Werte und Bestrebungen verkörpert und uns ermöglicht, die Welt mit Freundlichkeit, Mitgefühl, Freude und Gelassenheit zu berühren.

Es ist unwahrscheinlich, dass wir in der Früh aufwachen und bestimmen, dass heute ein guter Tag wäre, um ängstlich, widrig oder beurteilend zu sein. Es mag zutiefst unbehaglich sein, zu sehen, wie impulsiv und gewohnt viele unserer Muster und Reaktionen sind, doch sind sie kein lebenslanges Urteil. Nur weil viele der leidverursachenden Gewohnheitsmuster eine lange Geschichte haben, heißt es nicht, dass sie eine ebenso lange Zukunft haben müssen. Sie entstehen in der Gegenwart und können in der Gegenwart verändert werden. Freundlichkeit, Mitgefühl, Freude und Gelassenheit haben eine Qualität von Achtsamkeit – das Gegenteil emotionaler und psychologischer Gewohnheiten. Wir können erleben, dass Achtsamkeit und Gewohnheit nicht gleichzeitig bestehen können. Wenn wir uns in Gewohnheiten verlieren, sind das oft die unbewusstesten Momente unseres Lebens, Momente von automatischer Reaktion und großem Schmerz. Achtsamkeit hat zur Folge, dass Gewohnheiten beginnen, sich nach und nach aufzulösen. Durch Achtsamkeit und Absicht lernen wir, ein erwachtes Herz unser Zuhause werden zu lassen und gewohnheitsmäßige Reaktionen zu beenden. Wir lernen, unsere Herzen den Qualitäten zuzuneigen, die unser Leben veredeln und den Moment von Angst, Feindseligkeit und Verwirrung befreien. Diese Befreiung ist eines der kostbarsten Geschenke, die wir uns selbst und anderen machen können. Es ist eine Vergegenwärtigung des jetzigen Augenblicks, eine anhaltende Erneuerung unserer Absichten, ein Gewahrsein darüber, wo wir unser Zuhause schaffen oder im Moment verweilen – ob wir nämlich Leid versuchen oder Leid beenden.

Die meditativen Übungen von Freundlichkeit, Mitgefühl, Freude und Gelassenheit können als Schulungen in Einsgerichtetheit und Konzentration angewandt werden. In dieser Form haben wir sie traditionellerweise ererbt. Einige einfache Formulierungen werden verwendet, um sowohl die Absicht zu artikulieren als auch in der Ausrichtung zu verweilen: »Möge ich friedlich sein; mögest du friedlich sein. Möge ich mit Freundlichkeit und Leichtigkeit leben; mögest du mit Freundlichkeit und Leichtigkeit leben.« Wir stabilisieren den Geist mit diesen Formulierungen. Sie werden Wächter des Geistes, des Herzens, die uns davor schützen, von zwanghaften Vorstellungen, Grübeln und ausuferndem Denken überwältigt zu werden. Der Geist erwägt nicht mehr als jeweils einen Gedanken zu einer Zeit, und wir entdecken, dass wir eine Wahl darüber haben, welchen Gedanken wir Aufmerksamkeit schenken. Zwangsvorstellungen, Grübelzwang und Ausuferung sind eine Art psychologischer Vandalismus und bringen selten Glück, Weite oder Frieden. Die Folge davon sind eher zunehmend geschlossene Rückkoppelungsschleifen von Gedanken und Geschichten, die Stille, Ruhe und Weite als das tiefste Potenzial unseres Geistes ersticken. Wir entdecken, dass wir die Absichten und Formulierungen von Freundlichkeit, Mitgefühl, Freude und Gelassenheit kultivieren können – und damit einen Geist, der sich als Freund erweist.

Ein Juwel auf Buddhas Pfad des Erwachens ist die bekannte Honigkuchen-Lehrrede: »Worüber wir oftmals nachdenken und wobei wir häufig verweilen, wird zur Gestalt unseres Geistes. Die Gestalt unseres Geistes gestaltet unsere Erfahrungswelt.« Wir sehen anhand unserer eigenen Erfahrung, dass wir, wenn wir wiederholt in einem Zustand der Angst, Feindseligkeit oder Groll oder in Zwangsvorstellungen bleiben, uns im Grund genommen darin üben, und uns in diesen Mustern mehr und mehr zu Hause fühlen. Diese Muster werden fast zu einer Standardeinstellung, um unseren Stress und unsere Verzweiflung immer wieder neu zu erschaffen. Wenn wir in unseren Herzen wiederholt die Absicht formulieren, uns ein Zuhause in Freundlichkeit, Mitgefühl, Freude und

Gelassenheit zu schaffen, dann werden auch diese zur Gestalt unseres Geistes und ein Zuhause, in dem wir verweilen – was unsere Erfahrungswelt in einer radikal anderen Art und Weise gestaltet.

Es gibt ein grundlegendes Schema, das sich wie ein roter Faden durch den gesamten Weg der Kultivierung der Brahmaviharas zieht:

> Wir verweilen in Freundlichkeit, Mitgefühl, Freude
> und Gelassenheit,
>
> Durchdringen die gesamte Welt allerorts und
> gleichermaßen mit unseren Herzen
>
> Erfüllt von Freundlichkeit, Mitgefühl, Freude und
> Gelassenheit werden unsere Herzen edel, üppig, unermesslich, frei von Feindschaft und Stress.

Der Kerngedanke der Belehrungen der Brahmaviharas ist eine Einladung, durch Verständnis die Gestalt unseres Herzens radikal zu verwandeln. In ihrem tiefsten Sinne sind sie Pfade der Einsicht, um Gier, Hass und Verwirrung zu beenden, das Herz zu befreien und den Geist unerschütterlich und grenzenlos in Freundlichkeit, Mitgefühl, Freude und Gelassenheit zu begründen. Sie lehren uns, furchtlos in dieser Welt zu leben, uns selbst und anderen ein echter Freund zu sein und eine wahre Zuflucht als unser inneres Verweilen zu kultivieren. Auf den Aspekt dieser transformierenden Einsicht – wie wir das Herz durch die Brahmaviharas befreien – möchte ich mich in diesem Buch konzentrieren: erforschen, was es bedeutet, Freundlichkeit, Mitgefühl, Freude und Gelassenheit neu auszurichten, sodass wir sie nicht als flüchtige Emotionen oder Zustände betrachten, sondern als Verkörperung eines tiefen Verstehens und einer Befreiung, das unser Leben veredelt und zur Heilung der Welt beiträgt.

In Indien vor zweitausendsechshundert Jahren, der Welt des Buddhas, in der es Armut, Entbehrung und Konflikte gab, hatten die meisten bestehenden Meditationspraktiken die Transzendenz als Ziel. Die Menschen suchten verständlicherweise Auswege aus ihren schwierigen und herausfordernden Leben, meist durch Askese, Selbstkasteiung und Strebsamkeit. Körper, Geist, Beziehungen und Gesellschaft wurden häufig als Hindernisse zur Befreiung betrachtet, sie galten als verachtenswert und sollten überwunden werden. Eine mystische und überweltliche Freiheit gab es anderswo, in einem unbestimmten und idealisierten Raum und Zeit.

Der Buddha selbst verfolgte viele dieser Übungen der Selbstverleugnung und Abschottung von der Welt, nur um zu erkennen, dass diese ihm nicht die Freiheit und den Frieden brachten, die er so dringlich suchte. Er entdeckte, so wie wir, dass es nicht einfach ist, den Geist, das Herz und den Körper zu bezwingen, die in diesem Leben unsere steten Begleiter sind. Der große indische Weise Nāgārjuna (150 n. Chr.) wird weitläufig als einer der bedeutendsten buddhistischen Lehrer und als Begründer der Madhyamaka Schule des Tibetischen Buddhismus betrachtet. Er stellte die Frage: »Was machst du mit einem Leben, das nicht verschwindet?« Am Ende seiner vergeblichen Bemühungen, das Leben verschwinden zu lassen, kam der Buddha zur damals radikalen Auffassung, sich diesem Moment in all seiner Unvollkommenheit zuzuwenden und eben dieses Leben als den Übungsraum unseres Erwachens zu betrachten. Mit der Absicht, Stress und dessen Ursachen zu verstehen, wandte er sich seinem Körper und seinem Herzen zu und versuchte herauszufinden, was es bedeuten würde, in diesem Leben, so wie es ist, frei zu sein. Der Buddha hatte die Suche nach Transzendenz nicht aufgegeben. Er suchte nur nicht länger nach der Transzendenz der Welt, sondern nach einer Transzendenz inmitten der Verwirrung, des Leids und der Entfremdung dieser Welt.

Die Muster von Angst, Verwirrung und Abneigung, die zur Zeit des Buddha so verbreitet waren, sind in unserer Welt heute gleichermaßen präsent. Konflikte, Hass, Misstrauen und Gier hinterlassen Narben in unserer Welt. Möglicherweise ertappen wir uns dabei, wie wir durch Sucht oder Distanzierung Wege verfolgen, um diesem schwierigen Leben zu entfliehen. Das Maß an Depression und selbstverletzendem Verhalten ist vielen allzu vertraut, da wir die Zuversicht in unsere Fähigkeit, Stress zu beenden, verloren haben und das aufrichtige Gespür für Frieden und Freiheit als das Potenzial unseres Herzens vergessen haben. In unserer Verwirrung sind wir anfällig, uns durch Abneigung und Angst wiederholt Schmerzen zuzufügen. Wie der Buddha gesagt hat, »wobei wir häufig verweilen, dahin neigen sich unsere Herzen«.

Indem er sein Herz und seinen Geist genau betrachtete, entdeckte der Buddha eine radikal andere Art und Weise in dieser Welt zu sein, eine in der Angst und Verwirrung ein Ende finden würden. Er verstand: Indem wir unseren Geist in diesem einen Moment verändern, verändern wir auch unsere Welt in diesem Moment, und Leid und Angst können unsere Herzen nur so lange beherrschen, wie wir es zulassen, von ihnen eingeschüchtert zu werden. Angst und Entfremdung finden ein Ende, wenn wir uns mit absichtsvoller Neugier, mit Freundlichkeit und Mitgefühl allem zuwenden, von dem wir versucht waren, es aufzugeben. Der Buddha hat gelehrt, dass im Erbe jedes Menschen die Möglichkeit zum Erwachen und zu umfassender Freiheit angelegt ist, die es inmitten dieses Lebens selbst zu entdecken und zu verstehen gilt.

Der Buddha sprach davon, dass Freundlichkeit, Mitgefühl, Freude und Gelassenheit wesentlich für unsere Befreiung sind. Wenn wir sie auf geschickte Weise kultivieren, vermitteln sie uns ein tiefes Verständnis der Landschaft und der Ursprünge von seelischem Schmerz sowie den Weg zum Ende von seelischem Schmerz und zur unerschütterlichen Befreiung des Herzens. Die Brahmaviharas eröffnen uns eine Möglichkeit, uns von den edlen Qualitäten des Herzens führen zu lassen, die all das, was sie berühren, heilen und befreien. Der Buddha sagte, er lehre aus Mitgefühl für das Leiden in der Welt. Wenn wir die Brahmaviharas kultivieren, erweitern wir den Kreis unserer Fürsorge und Anteilnahme in dem Verständnis, dass wir uns absichtsvoll an der Heilung und dem Erwachen der Welt beteiligen.

✣ 1 ✣

Unermessliche Freundlichkeit

In einer der frühesten Sammlungen von Buddhas Belehrungen, dem Suttanipāta, befindet sich das Juwel der Lehre, das Mettāsutta, die Lehrrede über die unermessliche Freundlichkeit. Das Wort Metta entspringt dem Pali/Sanskrit Wort Mitta, welches als »Freund« übersetzt wird. Mitta wiederum entspringt einem früheren Sanskrit-Wort Mit, das als »mit Freundlichkeit üppig anwachsen« oder »ausbreiten« übersetzt wird, sich der Welt in Freundlichkeit ausbreiten.

Das Metta Sutta

Um den friedlichen Zustand zu erreichen
Sollte jemand, der oder die in dem Guten geschult ist,
Fähig und aufrichtig sein,
Leicht anzusprechen und aufrichtig,
Von sanfter Natur und nicht stolz,
Zufrieden und leicht unterstützt,

Mit einer gemäßigten Lebensweise und
wenigen Verpflichtungen,
Weise und mit gestillten Sinnen,
Nicht arrogant und ohne Gier für Unterstützer,
Und er oder sie sollte nicht das Geringste tun,
Wofür die Weisen ihn oder sie tadeln könnten.
(Man möge folgendermaßen reflektieren:)
»Mögen alle Wesen glücklich und sicher sein;
Mögen alle Wesen zufrieden sein.
Was auch immer für Lebewesen es geben möge,
Ob stark oder schwach,
Groß, mittel oder klein, schwer oder leicht,
Sichtbar oder unsichtbar, nahe oder fern,
Geboren oder zu gebären,
Mögen sie alle, ohne Ausnahme, zufrieden sein.
Lass niemanden jemals einen anderen verachten
Oder betrügen,
Noch einem anderen aus Wut oder Hass
Leiden wünschen.
So wie eine Mutter ihr eigenes Leben wagen würde
Um ihr Kind, ihr einziges Kind, zu beschützen,
Ebenso sollte man zum Wohle aller Wesen,
Das eigene grenzenlose Herz bewachen.
Mit grenzenloser Freundlichkeit für die gesamte Welt
sollte man ein unbegrenztes Herz kultivieren,
In alle Richtungen,
Ohne Behinderung, ohne Hass und ohne Feindseligkeit,
Im Stehen, Sitzen oder Liegen,
Immer wenn man munter ist,
Möge man bei dieser Vergegenwärtigung verweilen.

Dies ist als die beste und erhabenste Weise in der Welt
zu verweilen bekannt.
Wer tugendhaft ist, mit Einsicht ausgestattet,
Nicht an falschen Sichtweisen festhält,
Und alle Leidenschaft für Sinnesvergnügen
überwunden hat
Wird nicht wieder in einem Mutterleib zu
erliegen kommen.[2]

Wir sollten zwar die vier unermesslichen Qualitäten von Freundlichkeit, Mitgefühl, Freude und Gelassenheit nicht als linear oder hierarchisch betrachten, dennoch ist Metta die einzige dieser Qualitäten, der in der frühen Sammlung von Belehrungen eine eigene Lehrrede gewidmet ist. Metta gilt als die Grundlage eines moralischen Lebens, das heißt von integren Gedanken, Worten und Taten. Freundlichkeit ist eine notwendige Grundlage für alle veredelnden Qualitäten, einschließlich Mitgefühl, Freude und Gelassenheit, ebenso wie die notwendige Grundlage jeder Form von meditativer Entwicklung. Metta ist weder eine Emotion noch ein flüchtiger Zustand, sondern eine Art zu verweilen – das Zuhause, in dem unser Herz und unser Geist ruhen. Es ist eine einstellungsbezogene Verpflichtung, die wir allen Erfahrungsmomenten entgegenbringen. Das Kultivieren unserer Fähigkeit zu grenzenloser Freundlichkeit öffnet das Tor zur Grenzenlosigkeit von Mitgefühl, Freude und Gelassenheit. Dies beinhaltet einen radikalen Wandel in unserem Verständnis und der Art und Weise, wie wir in allen Momenten präsent sind, und beruht auf einer verpflichteten Absicht und Übung. Dieses Buch wird anfänglich mehr Aufmerksamkeit auf das Kultivieren von Metta richten, nicht weil es bedeutsamer wäre als Mitgefühl, Freude oder Gelassenheit, sondern weil es die wichtigste Grundlage eines erwachten Herzens ist.

Der Buddha beschreibt mit dieser Belehrung, wie es wäre, mit einem Geist in der Welt zu sein – in allen Momenten und allen Umständen –, der in grenzenloser Freundlichkeit verweilt und für den Gier, Verwirrung und Groll ein Ende gefunden haben. Der sich mit allem anfreundet, eine furchtlose Freundlichkeit, die in Achtsamkeit und Einsicht verwurzelt ist. Metta ist auch ein Verb, »anfreunden«. Wir lernen, uns mit uns selbst und mit allen Menschen, die in unser Leben treten, anzufreunden – mit den schwierigen und den liebsamen. Wir lernen, uns mit allen Ereignissen und Umständen anzufreunden – den schwierigen und den liebsamen.

Der Buddha hat ebenso wie wir die schädliche Macht von Feindseligkeit erkannt. Hass, Abneigung und Angst zerreißen unsere Gemeinschaften, unsere Gesellschaften und unsere Welt. In der Vergangenheit sowie in der Gegenwart führt Feindseligkeit zu Kriegen und Konflikten, Unterdrückung, Gewalt und Vorurteilen, und das damit einhergehende Leid hinterlässt Narben in unserem Leben und in der Welt. Feindseligkeit ist kein abstraktes Konzept. Jeder von uns kennt den Schmerz, durch Gedanken, Worte oder Taten anderer angefeindet zu werden. Beurteilung, Schuld, Härte, Zurückweisung, Verurteilung und Misstrauen hinterlassen einen gewaltigen Eindruck in unserem Herzen und Geist. Ebenso kennen wir den Schmerz der Feindseligkeit in uns, wenn wir andere beurteilen, verurteilen oder streng sind. Wir kennen auch den Schaden, der durch Feindseligkeit hervorgerufen wird, die nach innen gerichtet ist – die allzu vertraute und aus dem Hinterhalt schießende Stimme des inneren Kritikers und Richters, die unser Wohlsein und unser Glück beeinträchtigt.

Als eine Einsichtsübung ist das Kultivieren von Metta oder grenzenloser Freundlichkeit darauf ausgerichtet, tief eingebettete psychologische und emotionale Muster von Feindseligkeit und

Abneigung ans Licht zu bringen. Abneigung hat viele Gesichter: Gereiztheit, Ungeduld, Eifersucht, Tadel, Schuldgefühle, Hass, Verharmlosung, Verachtung und Geringschätzung. Wir spüren die Wellen von emotionaler Unruhe und Groll in unserem eigenen Geist, und wir sehen die Auswirkungen von Abneigung in der Welt um uns herum, wenn Feindseligkeit sich verbreitet. Der Schmerz darüber, durch kollektive Feindseligkeit entrechtet, entmachtet und verlassen zu werden, ist in unserer Gesellschaft offensichtlich. Das Resultat ist immer das gleiche: Schmerz, Spaltung, Zersplitterung, Entfremdung und Schaden. Wie der vietnamesische Lehrer Thich Nhat Hanh sagt, »Zorn und Hass sind der Stoff, aus dem die Hölle gemacht ist«.

Aus Sicht der buddhistischen Psychologie wurzelt Feindseligkeit in Angst, nämlich der Angst vor Verlust und Schaden. Wenn unsere Herzen von Angst ergriffen sind, dann erschaffen wir das Gefühl von dem, der oder den »anderen«, die wir entweder angreifen, verlassen oder vor denen wir flüchten. Dieses »andere« kann einfach eine Person sein, die uns mit ihrer Unruhe nervt, wenn wir uns entspannen wollen, die unerwünschte Person, die uns neue Fenster verkaufen möchte, oder die Person vor uns in der Warteschlange, die unser Weiterkommen verhindert. Das »andere« können auch ganze Gruppen von Menschen sein, die wir beurteilen, verurteilen oder denen wir misstrauen. Die vielen Formen der Voreingenommenheit, die unsere Welt vernarben, könnten ohne diesen Mechanismus des Widerwillens nicht erhalten bleiben, der das »andere« erschafft und so Misstrauen, Spaltung und Angst schürt.

Wir vernehmen das Flüstern und die mächtigen Wogen von Groll in unserem Körper, unseren Gedanken und unseren Reaktionen, während sie sich durch unseren Geist, unsere Sprache und unsere Handlungen bewegen. Der Buddha sprach von

Feindseligkeit als einem Gift, das uns krank macht und gewaltige Spuren in der Welt hinterlässt. Abneigung vertreibt Glück und Freude aus unserem Herz. Sie führt zu Trostlosigkeit, Entfremdung und zwanghaftem Denken. Abneigung setzt Abwärtsspiralen von Depression und lähmender Angst in Gang. Ein von Groll erfülltes Herz kann sich kaum an etwas erfreuen. Wenn das Herz unter dem Gewicht von Feindseligkeit erdrückt wird, bleibt wenig Raum für Freude, Wertschätzung oder Frieden. Wir spüren die Rückstände von Feindseligkeit in unseren Herzen als Reue, Scham und Schuld nachhallen. Die Eigendynamik der Abneigung möchte das »andere« zurückweisen, vermeiden, vernichten, loswerden und Abstand schaffen.

Abneigung treibt uns in erregtes Verhalten. Wir versuchen, jene Menschen, Ereignisse und Bedingungen zu manipulieren oder loszuwerden, von denen wir überzeugt sind, dass sie die Quelle unseres Unglücks wären. Das Gewohnheitsmuster von Abneigung kann so selbstverständlich werden, dass wir seine Auswirkungen auf unser Herz und Leben nicht länger bemerken.

Blicken wir auf unseren Tag zurück, stellen wir fest, wie oft wir eine jammernde Stimme in uns vernehmen, wie häufig wir durch Augen blicken, die nur das Unvollkommene beleuchten, und bemerken die zahlreichen Vermeidungshandlungen, die wir begehen. Dieses Gewahrsein mag vielleicht unangenehm sein, doch ist es gleichzeitig der erste Schritt, um unser Herz dafür zu sensibilisieren, wie schädlich die Feindseligkeit ist. Anstatt Beurteilung oder Scham ist es nämlich Gewahrsein, mit dem die tiefgehende Verpflichtung beginnt, nicht länger einzuwilligen, dass Abneigung unser Herz beherrscht, und uns einem Leben zu verpflichten, das von unermesslicher Freundlichkeit geleitet wird.

Wir sind vielleicht verleitet, Abneigung zu rechtfertigen. Wir sagen uns, dass Abneigung in einer wettbewerbsorientierten, aufgeregten und anspruchsvollen Welt ein Weg ist, um uns Gehör zu verschaffen oder gewünschte Veränderungen herbeizuführen. Wir meinen, dass die kleinen Momente von Ungeduld oder Verärgerung ohne Konsequenzen sind. Dabei sehen wir nicht immer, dass die kleinen Wellen der Abneigung im Kern genau so beschaffen sind wie die Tsunamis von Hass und Feindseligkeit, die innerlich wie äußerlich im Leben Leiden erschaffen. Ein Lehrer der Tibetischen Tradition hat gelehrt:

> Nimm kleine Übeltaten nicht auf die leichte Schulter,
> In dem Glauben, dass sie keinen Schaden anrichten können;
> Selbst ein kleiner Funken Feuer
> Kann einen Berg in Brand setzen.[3]

Manchmal ist das »andere«, das wir durch Abneigung erzeugen und verstärken, ein Aspekt unseres eigenen Wesens, den wir verachten, beurteilen oder fürchten: Teile unseres Körpers, eine Krankheit oder ein chronischer Schmerz, den wir fürchten, und von dem wir uns abwenden. Wir können Meister sein in der Kunst der Selbstverurteilung, wobei wir uns selbst verachten und Ansichten über uns selbst entwickeln, die auf dem Fundament von Selbsthass fußen. Wir können der Abneigung gegenüber abgeneigt sein und uns dabei erzählen, dass ein besserer oder spirituellerer Mensch keine solche Feindseligkeit erleben würde, was zur Grundlage für eine weitere Selbstverurteilung unserer Unvollkommenheiten und Unzulänglichkeiten wird. Wir erzählen uns selbst, dass wir eine bessere Person sein sollten, und doch sind wir in unseren Gewohnheitsmustern gefangen und fühlen uns darin hilflos. Wir haben möglicherweise Emotionen wie Eifersucht, Verachtung oder Ängstlichkeit, für die wir uns schämen und die wir zu dem »anderen« werden lassen, das wir zurückweisen oder weghaben wollen.

Das »andere« wird ein Feind in uns selbst, den wir fürchten und verurteilen. Die der Abneigung zugrunde liegende Erzählung ist eine von Nichtakzeptanz, die ewige Geschichte, in der ich und die Welt anders sein müssten, um glücklich zu sein. Wenn wir verstehen, was es bedeutet, allen Dingen bedingungslose Freundlichkeit entgegenzubringen, dann verstehen wir auch, dass selbst die Abneigung sich wünscht, dass wir uns mit ihr anfreunden. Denn auch sie ist eine Form von Leiden, das nur durch unsere Bereitschaft beendet werden kann, sich dem Feld der Feindseligkeit zuzuwenden, um es zu verstehen.

Der Buddha hat es einfach ausgedrückt: »Hass endet nicht durch Hass. Hass wird nur durch Freundlichkeit geheilt. Dies ist ein ewiges Gesetz«.[4]

Wir werden uns der vielen Arten bewusst, wie Abneigung unsere Wahrnehmung gestaltet. Wenn unser Geist von Feindseligkeit erfüllt ist, dann nehmen wir die Welt als einen Ort wahr, der von unvollkommenen Menschen bevölkert ist, die fest entschlossen sind, uns zu verstören, zu bedrohen und zu verletzen. Abneigung erzeugt Ausgrenzung, Misstrauen und Verteidigung. Wenn sich unser Herz in Feindseligkeit verliert, dann nehmen wir in uns selbst nur das wahr, was verletzt und unvollkommen ist. In schwierigen Zeiten können wir uns vor unserem eigenen Körper, Geist und unseren Emotionen fürchten und so Strategien entwerfen, um uns von unserem Dasein zu distanzieren. Die aus diesen Wahrnehmungen entstehenden Geschichten tauchen wieder auf und bestärken die bereits vorherrschende Abneigung, was wiederum zu weiteren Geschichten von Verurteilung, Angst und Schuld führt. Da der Körper die Hauptlast von widrigen Gedanken und Emotionen trägt, besitzt Groll tatsächlich die Macht, uns krank zu machen.

Metta oder grenzenlose Freundlichkeit hat die Absicht, diese schädlichen, geschlossenen Rückkopplungsschleifen zu unterbrechen. Metta ist ein Weg der Kultivierung, auf dem wir lernen, gegen den Strom von gewohnten und impulsiven Gewohnheiten und Mustern zu schwimmen, die Leid und Mühe hervorrufen. Metta ist eine Verhaltensgeste des Herzens, wie der Buddha schon sagte: »Worüber der Geist nachhaltig reflektiert, dem wird sich unser Geist beugen und zuneigen.« Wenn wir die schädlichen Auswirkungen von Feindseligkeit klar erkennen, dann verpflichten wir uns dazu, einen anderen Pfad zu betreten. So säen wir in jedem Moment von Feindseligkeit die Samen einer Absicht, nämlich die Absicht, uns anzufreunden und zu erkennen, dass wir, indem wir unseren Geist im Moment radikal ändern, auch die Gestalt unserer Welt in dem Moment ändern.

Metta ist eine Vergegenwärtigung des jetzigen Augenblicks, eine Qualität von Achtsamkeit. Während Achtsamkeit dazu neigt, sich aller Erfahrung zuzuwenden, ist es die Neigung von Metta, zu lernen, dass wir dem, dem wir uns zuwenden, nah sein können. Wir müssen Schwierigkeiten nicht lieben, aber wir können ihnen gegenüber fürsorglich sein. Jeder Moment, in dem wir uns mit etwas anfreunden, was wir bisher gefürchtet oder aufgegeben haben, macht einen Unterschied. Achtsamkeit verleiht uns die wunderbare Kraft, wählen zu können, worauf wir unsere Aufmerksamkeit richten und wie wir mit Dingen in Beziehung treten. Metta und Achtsamkeit gemeinsam sind Wächter des Herzens. Für das Glück und Wohlergehen aller Wesen begeben wir uns auf eine Reise, um unser grenzenloses Herz zu beschützen. Wir lernen, dass weder wir selbst noch die Welt sich Hass leisten kann. Wir entdecken die Möglichkeit, aus dem geschlossenen Kreislauf von Feindseligkeit auszusteigen, und wir lernen, dass wir mit allen Dingen und Momenten sein können, ohne von ihnen überwältigt zu werden.

Wenn wir das Mettas Sutta lesen, kann es sein, dass wir glauben, dass es uns nicht möglich ist, grenzenlose Freundlichkeit zu kultivieren. Metta verlangt jedoch nicht das anspruchsvolle Vorhaben, die ganze Welt zu retten, sondern lediglich, Geist und Herz in diesem Moment vom Drang nach Feindseligkeit zu befreien. Metta fordert uns auf, wachsam gegenüber unserer ganzen Erfahrung in diesem Moment zu sein, den Ereignissen, Erfahrungen und Menschen gegenüber, die in unsere Welt treten, und ihnen allen fürsorglich zu begegnen. Achtsamkeit geht Hand in Hand mit Metta. Beide können nur im gegenwärtigen Moment kultiviert werden, denn es ist der einzige Moment, der verändert werden kann. Wir können nicht die Achtsamkeit oder Metta von gestern oder morgen kultivieren, ebenso wenig wie wir das Kopfweh oder den Verlust von gestern oder morgen haben können. Wir lernen darauf zu vertrauen, dass jeder Moment, in dem wir uns darin üben, eine annehmende statt eine ablehnenden Haltung zu kultivieren, einen Unterschied macht. Jeder Moment, in dem wir unsere Herzen der Freundlichkeit verpflichten, ist ein Moment, in dem wir nicht länger einwilligen, die Gewohnheiten der Abneigung zu nähren. Auf diese Weise beenden wir die Neigung zur Feindseligkeit. Das heißt nicht, dass Abneigung nicht wieder entstehen wird. Sie wird wieder entstehen, aber ihrem Entstehen können wir abermals mit Freundlichkeit und Fürsorge begegnen. In jedem Moment, in dem wir anstatt impulsivem Widerstand die psychologische Haltung der Freundlichkeit kultivieren, lernen wir unser Leben mit Furchtlosigkeit zu führen. In Shāntidevas Belehrungen zu Mitgefühl sagt er: »Wenn der Dorn von Hass im Herzen verweilt, findet der Geist weder Frieden, noch genießt er Glück oder Freude oder findet Ruhe und Stärke. Unbändige Wesen sind wie der Raum. Es gibt nicht genügend Zeit sie alle zu bewältigen. Das Bewältigen dieser zornigen Gedanken ist wie alle meine Feinde zu bezwingen.«[5]

Feindseligkeit und Metta, oder grenzenlose Freundlichkeit, sind dynamisch miteinander verflochten. Abneigung ist ein zerstörerisches Gewohnheitsmuster, das unweigerlich zu Leid und Unglück führt und die Fähigkeit des Herzens zu Freundlichkeit erstickt. Metta ist eine weise, absichtsvolle Reaktion, die zu Glück und dem Ende von Leiden führt. In dieser Dynamik ist Abneigung einerseits das Haupthindernis für Freundlichkeit, diese aber ist andererseits der direkteste und wirksamste Weg, Abneigung zu wandeln. Anstatt der Abneigung mit Scham oder Verurteilung zu begegnen, lernen wir sie zu verstehen und uns mit ihr anzufreunden. Indem wir Freundlichkeit kultivieren, nehmen wir einen Perspektivwechsel vor, und betrachten Abneigung nicht länger als ein zu überwindendes Hindernis, sondern als den Grund und Boden, aus dem Metta erwächst.

Wenn wir den Momenten von Abneigung und Freundlichkeit in unserem Tag lauschen, sind zwei Aspekte wichtig. Abneigung, ob sie dahinplätschert oder in großen Wellen kommt, erzeugt Geschichten, wobei die Intensität der Abneigung den Umfang und die Intensität der entstehenden Geschichten bestimmt. Oft denken wir gerade über diejenigen zwanghaft nach, die wir fürchten oder ablehnen. Jemand beleidigt uns, und wir bemerken, wie sich in unserer Reaktion Widerstand regt, und eine Geschichte über diese Person beginnt. Bald haben wir jedes Detail herausgearbeitet, das diese Person unerträglich macht. Wir kennen die Person vielleicht kaum, doch mit unserer Abneigung weben wir so viel Überzeugung in die Erzählung, dass wir ihn oder sie als lebenslangen Feind betrachten. Wir bemerken auch, dass sich, je stärker die Abneigung wird, auch unser Empfinden von »ich« oder »mein« verstärkt, ebenso wie sich die Sicht auf den »anderen« verfestigt. Mit der Geschichte wächst die Trennung zwischen »ich« und »andere«. Distanz und Spaltung wiederum werden zu einem Nährboden für Angst und Feindseligkeit.

Wenn wir lernen, den Momenten spontaner Freundlichkeit, die in unserem Tag entstehen, zuzuhören, dann wird auch klar, dass es in solchen Momenten deutlich weniger Geschichten gibt. Das Empfinden eines zentralen »Ich« oder Selbst ist fast nicht da. Diese Momente hinterlassen im Geist keine Rückstände in Form von Scham oder Urteil. In den Momenten, wo uns Freundlichkeit begegnet, liegt eine Qualität von Freude, ein Gefühl von Verbundenheit und die Lautstärke der Empfindung von »Ich« und den »anderen« ist deutlich vermindert. Freundlichkeit erzeugt keine Feinde. Sie verlangt von uns nicht, jeden zu lieben, aber sie bittet uns, mit den Augen von Respekt und Toleranz sehen zu lernen. Metta braucht keine Geschichten als Nahrung, Metta entspringt einem Herzen, das in Mut und Verständnis verwurzelt ist.

Wenn wir die Fähigkeit zu grenzenloser Freundlichkeit entwickeln, dann lernen wir, in diese Grenzenlosigkeit auch Abneigung und Feindseligkeit miteinzuschließen. Das Gefühl von Abneigung muss nicht länger verschwinden, damit Metta entstehen kann. Wir lernen, selbst der Erfahrung von Abneigung mit einer Haltung von Freundlichkeit zu begegnen. Ein Lehrer, Ajahn Sucitto, beschreibt dies als liebevolle Neugierde. Wir beginnen einen Dialog und eine Beziehung mit unserer Abneigung. Wie fühlt sich Abneigung an? Wie empfinden wir sie im Körper? Können wir danebenstehen, ohne zurückzuschrecken? Wie fühlt sich Groll im Geist und im Herzen an? Wir müssen Feindseligkeit nicht mögen, wir müssen uns auch nicht verpflichtet fühlen, sie aufzugeben, und wir können auch entdecken, dass sie uns nicht unbedingt überwältigen oder einschüchtern muss.

Auf dem Weg, unermessliche Freundlichkeit zu kultivieren, schulen wir unser Herz und setzen eine Absicht. Wir haben in unserem Leben flüchtige Momente wahrer Freundlichkeit erlebt. Wir wissen, dass Freundlichkeit eine innere Fähigkeit ist, die wie andere Fähigkeiten entwickelt und zur Reife gebracht werden kann. Unermessliche Freundlichkeit ist ihrem Wesen nach nicht nur jenen vorbehalten, die uns lieben und erfreuen. Beim Anblick einer Katze oder eines lächelnden Babys ist es wahrscheinlich nicht schwierig, unvermittelt Freundlichkeit zu empfinden. Eine weitaus größere Herausforderung ist es, diese Freundlichkeit einer Person entgegenzubringen, die uns beleidigt hat oder unwillkommen in unser Leben eindringt. Dennoch besteht genau darin die Einladung und die Herausforderung auf diesem Weg.

Metta ist nicht hauptsächlich auf unser augenblickliches Gefühl gerichtet, sondern auf unsere Einstellung und auf die Absicht, die wir allen Erfahrungsmomenten entgegenbringen, nämlich die durch Abneigung hervorgerufenen Reaktionen aufzugeben und zu lernen, dass wir mit allen Ereignissen und Menschen sein und uns mit ihnen anfreunden können. Metta ist eine Verpflichtung des Herzens. Metta schwimmt gegen den Strom unserer Zeit, in der unseren Gefühlen zu einer Angelegenheit die letzte Autorität zugesprochen wird, sodass sie darüber bestimmen, wie wir sprechen, handeln und in Beziehung treten. Der Mythos der Authentizität behauptet, wenn wir uns hinsichtlich einer Sache gut fühlen, etwas mögen oder von jemandem oder etwas geschmeichelt sind, lohnt es sich, diesem zu folgen, ihm nahe zu bleiben, zu investieren und sich anzufreunden. Dieser Mythos nimmt Gefühle als glaubwürdige Orientierung in unseren Beziehungen und behauptet ebenso, dass es, wenn wir uns hinsichtlich einer Sache unwohl fühlen, jemanden oder etwas nicht mögen oder davon bedroht werden, nur menschlich und angemessen ist, dieses abzustoßen, zu verlassen, zu ignorieren, oder uns davon distanzieren. Wenn wir unser Leben betrachten, sehen wir, wie viele unserer Entscheidungen, Strategien und Handlungen von diesem Mythos bestimmt sind, was manchmal als »sich selbst gegenüber treu sein« bezeichnet wird. Untersuchen wir dieses Muster vorurteilsfrei, so können wir entdecken, dass wir vielmehr emotionalen Gewohnheiten treu sind, die uns nicht dienlich sind.

Sowohl Metta als auch Achtsamkeit laden uns dazu ein, diesen Mythos zu hinterfragen und zu verstehen, dass wir so nicht authentisch sind, sondern bewusst und unbewusst einwilligen, von der unwillkürlichen Reaktion, Emotion und dem Geisteszustand des gegenwärtigen Moments beherrscht zu werden. Wenn wir die Welt um uns herum betrachten, wird uns auffallen, dass es keinen Mangel an Wesen gibt, die emotionale Reaktivität mit Freiheit gleichsetzen. Rassistische oder gewalttätige Sprache wird zu einem Recht, weil wir die Freiheit haben, so zu sprechen. Wir können im Zorn aufeinander einschlagen, weil wir frei sind, so zu handeln. Weder Metta noch Achtsamkeit verurteilen das turbulente Geschehen und die Macht unserer emotionalen und reaktiven inneren Welt oder empfehlen, Impulse und emotionale Reaktionen zu unterdrücken. Sie empfehlen vielmehr, aus Anteilnahme für das Wohlergehen aller Wesen ein sanftes Gewahrsein in diese Welt zu tragen. Wir lernen einige einfache Fragen ins Gefühlschaos einzubringen: Führt dies zu Leiden oder dem Ende von Leiden? Führt dies zu einem tieferen Gefühl von Verbundenheit oder zu größerer Entfremdung? Führt dies zu Freiheit oder führt es weg von einem befreiten Herzen?

Unermessliche Freundlichkeit ist also nicht so sehr damit beschäftigt, wie wir uns fühlen, sondern wie wir uns auf Gefühle, Menschen, Ereignisse und Erfahrungen beziehen. Freundlichkeit ist nur dann sinnvoll, wenn sie verkörpert wird und zum Fundament unserer Sprache, unseres Verhaltens und unserer Entscheidungen wird. Sie ist ein Ausdruck eines tiefen Wunschs nach Beendigung von Leid und nach Frieden für alle Lebewesen. Es ist ein wiederholtes Zurückkehren zu der Verpflichtung und Absicht in Freundlichkeit zu verweilen und sich mit allen Erfahrungen in dem jeweiligen Moment anzufreunden. Wir lernen, diese Absicht aufrechtzuerhalten und ihr zu gestatten, uns durch die verworrene und komplexe Welt von Emotionen, Beziehungen und Handlungen zu führen. Dabei erleben wir die Möglichkeit, Freundlichkeit zur Quelle all unserer Gedanken, Worte und Taten werden zu lassen. Dies ist eine Einladung, uns von gewohnheitsmäßigen Reaktionen für ein empfängliches Leben zu öffnen und das Wohlergehen aller Wesen wertzuschätzen. Indem wir lernen, die Absicht von Freundlichkeit anzuerkennen, kann sie wachsen, sich vertiefen und zu einem Zuhause werden, in dem wir verweilen.

Eltern eines neugeborenen Kindes stehen in der Nacht auf, um sich seiner Bedürfnisse anzunehmen. Es mag das Letzte sein, wonach sie sich gerade sehnen, doch Eltern werden von einer fürsorglichen Verpflichtung geleitet und nicht davon, wie sie sich in dem Augenblick fühlen. Ein Freund wendet sich in Not an uns und sucht Hilfe. Wir lassen unsere Geschäftigkeit fallen und gehen in Resonanz. Es ist vielleicht nicht das, wonach uns gerade zumute ist, doch uns leitet ein tief empfundenes Mitgefühl. Eine ältere und gebrechliche Person stolpert auf der Straße vor uns, und unverzüglich reichen wir eine helfende Hand, ohne dass unsere Handlung durch die Linse unseres gegenwärtigen Gefühlszustandes gefiltert wird. Menschen auf dem Pfad meditativer Schulung entschließen sich oft, das Meditationskissen oder den Stuhl aufzusuchen, obwohl sie gleichzeitig spüren, dass es leichter wäre, den Angeboten von Ablenkung und Vermeidung zu folgen. Das sind alles Handlungen, in denen wir eine tiefere Verpflichtung unserer Bestrebungen und Absichten verkörpern, anstatt lediglich dem vorherrschenden Geisteszustand oder Gefühl in dem Moment zu folgen.

Der Pfad von Metta ist mit Achtsamkeit verwoben. Es ist ein Pfad, der uns ersucht, in jedem Moment von Achtlosigkeit sich an eine heilende und befreiende Absicht zu erinnern. Der in den Brahmaviharas enthaltene Pfad zur Befreiung und Wandlung beschäftigt sich mit dem, was wir tun und wie wir leben ebenso wie mit unserer inneren Entwicklung. Wir müssen uns nicht großzügig fühlen, um uns großzügig zu verhalten. Wir müssen nicht immer Mitgefühl empfinden, um mit Mitgefühl zu erwidern. Jemanden zu mögen oder zu lieben ist keine Grundvoraussetzung dafür, sich mit allem, was ist, anzufreunden, und in Freundlichkeit zu verweilen, weil wir uns dazu verpflichtet haben. Ebenso wie unser Geist unsere Handlung beeinflusst, beeinflussen unsere Handlungen unseren Geist und unser Herz.

Eine Schülerin erzählte, dass sie sich für ein ganzes Jahr verpflichtet hatte, ihre Sprache in Metta zu verwurzeln und gütige und sanftmütige Worte zu verwenden, die Empathie und Respekt ausdrückten. Es gab viele Momente, in denen sie es verlockend gefunden hätte, in harschen Sprachgebrauch zurückzufallen, zu verurteilen, zu bewerten oder sich an leerem Geschwätz zu beteiligen. Jeden Morgen erneuerte sie ihre Verpflichtung. Das hieß nicht, dass die widrigen, harschen Gedanken verschwanden, aber ihrem Auftreten begegnete sie mit Achtsamkeit und Freundlichkeit, und so fanden sie selten Ausdruck in dem, was sie sagte. Diese Übung verwandelte ihr Leben. Sie entdeckte, dass sie als vertrauenswürdig betrachtet wurde und Menschen sich in den schwierigsten Momenten an sie wandten, ohne Angst beurteilt zu werden, dass sich ihre Freundschaften vertieften, während schwierige Beziehungen anfingen, sich zu entspannen.

Wir stellen uns und unser Leben auf einen Pfad, dessen nachhaltige und transformierende Bestrebungen und Absichten die Kraft haben, unsere Herzen und unsere Welt zu heilen und zu befreien. In jedem Moment unseres Lebens üben wir uns in etwas, ob wir schweigen oder sprechen, ob wir uns ausruhen oder uns bewegen. Dieses Etwas kann gewohnt und unbewusst sein, und es kann empfänglich und absichtsvoll sein. Der Pfad des Erwachens fordert uns auf, diese Tatsache zu erkennen; und das daraus entstandene Gewahrsein vermittelt uns, dass wir in jedem Moment eine Wahl haben, wo wir unser Zuhause einrichten. Ob wir dies in der Welt von Angst und Abneigung oder dem Zuhause von Freundlichkeit, Achtsamkeit und Freundschaft tun, wirkt sich unweigerlich auf unsere Gedanken, Worte und Taten aus und damit auch auf unsere Sicht auf die Welt. Es ist herausfordernd für uns zu lernen, den Moment zu befreien, das heißt, unsere Herzen von Angst und Abneigung zu befreien. Es ist aber gleichzeitig der Weg zu einem Leben in Freude und Freiheit.

In ihrem Gedicht »Freundlichkeit« spricht Naomi Shihab Nye davon, dass wir erst dann verstehen können, dass letztlich nur Freundlichkeit bleibt, wenn uns das gesamte Ausmaß an Leid bewusst geworden ist. Hand in Hand laden uns Achtsamkeit und Metta also dazu ein, die Augen und Herzen für das Leid in unserer Welt zu öffnen und uns von Kampf, Angst und Gewalt berühren zu lassen, die im Leben so vieler Schaden anrichten und Narben hinterlassen. Wir sind aufgefordert, die Hilflosigkeit der Menschen wirklich zu spüren, die in Armut, Verwahrlosung und Entbehrung gefangen sind, und unsere Augen und Herzen für die Verzweiflung, die Einsamkeit und den Schmerz zu öffnen, die allzu viele Menschen in unserer Welt vergessen und unsichtbar bleiben lässt. Dann ist es wahr, dass nur noch Freundlichkeit sinnvoll ist, was bedeutet, dass wir uns in Gedanken, Worten und Taten dieser Freundlichkeit verpflichten und bewusst an der Heilung dieser Welt, deren Teil wir sind, mitwirken. Metta lässt uns aus dem Panzer der Selbstversunkenheit heraustreten und ermöglicht uns, von der Welt berührt zu werden sowie die Welt mit Freundlichkeit zu berühren. Mit Freundlichkeit nehmen wir unseren Platz in der Familie aller Wesen ein.

Der Buddha beschreibt dies in einem der frühen Texte wie folgt:

> Indem man sich um sich selbst kümmert,
> kümmert man sich um andere.
>
> Indem man sich um andere kümmert,
> kümmert man sich um sich selbst.
>
> Wie kümmert man sich um andere,
> während man sich um sich selbst kümmert?
>
> Indem man Achtsamkeit übt, entwickelt
> und anwachsen lässt.
>
> Wie kümmert man sich um sich selbst,
> indem man sich um andere kümmert?
>
> Durch Geduld, Gewaltlosigkeit, Freundlichkeit
> und Fürsorge.[6]

Metta lehrt uns, dass es unmöglich ist, Frieden, Glück, Zärtlichkeit, Sicherheit und Freiheit nur für uns selbst zu suchen. Mein Frieden, mein Glück und meine Freiheit sind mit deiner verbunden und verwoben. Metta vermittelt uns, wie wir uns von einer Sprache von »ich« und »du« in die Sprache von »wir« und »uns« begeben. Es ist eine universelle Sprache, welche die tiefste Sehnsucht des menschlichen Herzens berührt, nämlich in Sicherheit leben zu können, beschützt zu sein, respektiert zu werden und mit Freundlichkeit behandelt zu werden. Der universellen Sprache von Metta ist klar bewusst, dass all unsere Gedanken, Worte und Taten einen Eindruck in der Welt hinterlassen, und Moment für Moment lernen wir, die Welt in diesem Augenblick mit Freundlichkeit zu berühren.

Der Weg von Metta

Um Metta bewusst als Meditationspraxis zu kultivieren, werden einige einfache Formulierungen verwendet, die die Absicht von Metta ausdrücken. Die hier vorgeschlagenen Formulierungen gelten nicht als heilig, und es ist wichtig, Worte zu finden, die uns etwas bedeuten und die wir mit Leichtigkeit verwenden können. Die Worte selbst sind zweitrangig. Es sind Wege, mit denen wir beginnen, die Absicht von Freundlichkeit und Freundschaft zu formulieren. In der Form, in der wir die traditionelle Übung von Metta geerbt haben, lassen wir unterschiedliche Beziehungen in das Feld unserer Aufmerksamkeit eintreten. Dabei wenden wir unsere Aufmerksamkeit auf uns selbst, auf jemanden, den wir als Wohltäter betrachten, einen guten Freund, eine gute Freundin, jemanden, dem wir gleichgültiger gegenüberstehen, einer schwierigen Person, und schließlich dehnen wir Metta auf alle bekannten und unbekannten Wesen aus.

Auf diese Weise Metta zu üben ist eine Kunst. Es ist ein Weg, auf dem wir beginnen, unser Zuhause einzurichten, in der Absicht, eine Haltung von Freundlichkeit zu kultivieren. Als Einsichtsübung verwenden wir die Formulierungen langsam und lassen Raum zwischen dem stillen Ausdruck jeder Formulierung, so als ob wir nachts der Stille zwischen den Rufen einer Eule lauschen würden. Mit jeder dieser Formulierungen säen wir die Samen der Absicht in den Boden achtsamer Stille und lauschen auf die innere Resonanz. Dabei gibt es weder eine richtige Art von Resonanz noch versuchen wir, ein bestimmtes Gefühl oder einen Erfahrungszustand hervorzubringen. Es können eine ganze Reihe verschiedener Stimmungen entstehen: Ungeduld, Langeweile, Gereiztheit oder Abneigung, vielleicht auch Wärme, Zärtlichkeit oder Heiterkeit – alle sind willkommen und miteingeschlossen in die

Absicht, Freundschaft zu schließen. Anstatt zu erwarten, dass wir ein liebevolles Leuchten empfinden, erinnern wir uns daran, dass die Übung lediglich darin besteht, die Absicht des Anfreundens aufrechtzuerhalten und ihr zu gestatten, sich in unseren Herzen zu verwurzeln.

Metta zu kultivieren ist ein psychologischer und emotionaler Prozess. Wir beginnen damit, uns zu erinnern, und lassen im Geist eine Person und Beziehung entstehen, mit der wir uns mit Leichtigkeit anfreunden können. Ein Aspekt des Pali-Wortes Sati, üblicherweise mit Achtsamkeit übersetzt, ist diese Qualität, sich zu erinnern oder zu etwas zu vergegenwärtigen. Beim Kultivieren von Metta erinnern wir uns an unsere Fähigkeit zu grenzenloser Freundlichkeit. Nicht nur vergegenwärtigen wir uns den jetzigen Augenblick, sondern wir erinnern uns auch an unsere tiefsten Werte und Absichten und unsere Fähigkeit, diese zu verkörpern. Wir erinnern uns an ein Treffen mit einer Person oder einem Ereignis, das den unverwechselbaren Geschmack von Metta, spontaner Freundlichkeit, hatte. Während wir lernen, das Herz dem Anfreunden zuzuneigen, also Metta kultivieren, findet ein nachweisbarer psychologischer Prozess statt. Die Vergegenwärtigung dieses vergangenen Ereignisses wird in die Gegenwart gebracht, wir beziehen uns darauf mit Achtsamkeit, und es wird zu einer Vergegenwärtigung des Augenblicks. Indem wir unsere Aufmerksamkeit inmitten dieser gefühlten Anfreundung aufrechterhalten, schulen, vertiefen und erhalten wir die Fähigkeit unseres Herzens, in Freundlichkeit zu ruhen. Während wir lernen, unser Herz eher dem Anfreunden statt der Abneigung oder Abkehr zuzuneigen, werden neue neuronale Pfade gelegt, wir werden auf der psychologischen und emotionalen Ebene vertrauter mit Metta als einer Art und Weise, präsent zu sein.

Beginnen Sie damit, sich an einem Platz einzurichten, an dem Sie in einer angenehmen Haltung sitzen können, und nehmen Sie eine Körperhaltung ein, die es Ihnen ermöglicht, ruhig und wach zu sein. Erlauben Sie, sich in dieser Haltung niederzulassen, und spüren Sie all die Stellen, an denen der Körper das Kissen, den Stuhl oder den Boden berührt, und bringen Sie Gewahrsein zu den Empfindungen, die da präsent sind. Lauschen Sie den Geräuschen, die Sie umgeben, und der Stille. Erlauben Sie den Gedanken an Vergangenheit und Zukunft, im Hintergrund Ihrer Aufmerksamkeit zu ruhen, und verbinden Sie sich mit dem, was jetzt im Moment da ist. Schließen Sie in dieses Gewahrsein auch Ihre gegenwärtige Stimmung mit ein, richten Sie die Achtsamkeit auf Ihren Geist, auf Ihr Herz, einfach wahrnehmen, was da ist, ohne Urteil oder Erwartung einer Gestimmtheit, von der Sie glauben, dass sie präsent sein müsste.

So gut Ihnen das gerade möglich ist, laden Sie nun in Ihr Gewahrsein eine Begegnung mit einer Person oder ein Ereignis ein, das Sie vor Kurzem erlebt haben, bei dem es ein spontanes Gefühl von Freundlichkeit, Wärme, Wertschätzung oder Großzügigkeit gab. Erinnern Sie sich an eine Begegnung, die Ihren Geist erfreut hat und ein Lächeln in Ihr Herz zauberte – das Lachen eines Kindes, eine unerwartete und wohlwollende Geste eines Fremden, ein Treffen mit jemandem, den Sie schätzen. Erlauben Sie dieser Person im Mittelpunkt Ihres Gewahrseins zu ruhen, und lauschen Sie innerlich jeder Resonanz, die mit dieser Erinnerung in der Gegenwart auftaucht. Spüren Sie die gefühlte Fröhlichkeit, die mit der Situation einhergeht. Während Sie diese Person mit Freundlichkeit in Ihrer Aufmerksamkeit halten, fangen Sie an, ihr gute Wünsche für ihr oder sein Wohlbefinden anzubieten.

Mögest du sicher sein und dich wohlbefinden.
Mögest du friedlich sein.
Mögest du mit Freundlichkeit und Leichtigkeit leben.

Erlauben Sie diesen Sätzen in Ihrem Gewahrsein zu ruhen. Sie sind weder Anrufungen noch Befehle, sondern einfach Angebote von Großzügigkeit und Freundlichkeit. Manche machen es sich leichter und verwenden nur einfache Sätze oder sogar nur ein Wort. Lassen Sie Raum zwischen den Sätzen, und lauschen Sie in diesem Raum innerlich nach jeder Resonanz, die entsteht, während Sie die Sätze im Stillen formulieren. Wenn Ihre Aufmerksamkeit abdriftet oder von Gedankenströmen entführt wird, bringen Sie Ihre Aufmerksamkeit einfach wieder sanft zurück zu den Absichten de Freundlichkeit und Achtsamkeit, indem Sie zu den Sätzen zurückkehren.

Mögest du sicher sein und dich wohlbefinden.
Mögest du friedlich sein.
Mögest du mit Freundlichkeit und Leichtigkeit leben.

Um Metta zu kultivieren, beginnen wir da, wo wir uns am leichtesten mit unserem eigenen Potenzial an Freundlichkeit und Güte verbinden können. Wir entwickeln ein Gespür dafür, was es bedeutet, in uns selbst diese Absicht zu kultivieren, bevor wir sie in emotional komplexere Erfahrungen bringen. Wir lernen, mit spontaner Freundlichkeit vertraut zu werden. Diese Übung ist nicht dem Meditationskissen und geschlossenen Augen vorbehalten. Ganz im Gegenteil, es ist eine Übung für unser Leben. Jeder Moment ist eine Gelegenheit, Freundlichkeit zu üben. In der Warteschleife am Telefon, an der Bushaltestelle, in der Schlange im Supermarkt –

all das sind vielleicht Momente, die wir mit Frust oder Ungeduld ablehnen, aber es sind auch fruchtbare Momente, um ganz bewusst unsere Fähigkeit zu kultivieren, uns mit der Gegenwart so anzufreunden, wie sie gerade ist.

Treten wir in unser Leben hinaus und hinein in die unzähligen Begegnungen, die jeder Tag mit sich bringt, dann lernen wir diese Absicht, Freundschaft zu schließen, ganz in unserem Herzen zu halten. Es kann zutiefst hilfreich sein, wenn wir anfangen, die kleinen und großen Momente unseres Tages zu bemerken, in denen wir spontane Freundlichkeit geben oder empfangen, von Menschen, die wir kennen oder die uns unbekannt sind. Wir können lernen, diese Momente mit Absicht anzuerkennen und wertzuschätzen, indem wir diese guten Wünsche anbieten.

Mögest du sicher sein und dich wohlbefinden.
Mögest du friedlich sein.
Mögest du mit Freundlichkeit und Leichtigkeit leben.

Freundschaft mit sich selbst schließen

Der Buddha war sehr klar, als er sagte, dass wir die gesamte Welt absuchen könnten und dabei auf niemand anderen stoßen würden, der unsere Freundlichkeit und Fürsorge mehr bräuchte als wir selbst. In den traditionellen Belehrungen zu Metta steht das Kultivieren bedingungsloser und unermesslicher Freundlichkeit uns selbst gegenüber am Anfang des Wegs. Für viele ist dies der herausforderndste, komplizierteste und schwierigste Teil der Übung. In einem Treffen mit westlichen Lehrern vor einigen Jahren war der Dalai Lama verwundert zu hören, wie weit verbreitet Selbstverurteilung und Selbsthass unter Menschen im Westen war. Wir leben in einer Kultur, in der das Selbst im Mittelpunkt steht, das perfektioniert werden muss. Es ist eine Kultur des Individualismus, dessen zentrale Glaubenssätze kontinuierlich fordern, uns selbst zu beweisen, erfolgreich zu sein und uns anzustrengen, um Liebe zu erhalten und des Glücks und der Akzeptanz würdig zu sein. Es ist eine Kultur mit einem eingebauten Mechanismus zu versagen. Teil dieser Kultur zu sein heißt, zu akzeptieren, niemals gut genug zu sein und nie den selbstauferlegten, perfektionistischen Standards zu genügen. Die Sprache dieser Kultur ist geprägt von Abwertung – eine Hintergrundsymphonie aus Selbstverurteilung, Verachtung und innerlicher Herabsetzung. Diese Kultur des perfekten Selbst funktioniert durch den gut eingeübten Mechanismus von Selbstaufgabe, Selbstverletzung und Verachtung.

In unserer Welt herrscht eine Epidemie der Depression, die das Leben von Millionen Menschen einschränkt und ihre Narben hinterlässt. Erste Forschungen deuten darauf hin, dass das Kultivieren von Metta bei Depression das Grübeln verstärken und einen Rückfall auslösen kann, da es das Ausmaß an Entfremdung zum Vorschein bringt, die in unserem Leben vorhanden ist. Um mit diesen tief verwurzelten psychologischen und emotionalen Mustern der Selbstaufgabe Metta zu üben, braucht es daher große Fürsorge und Sensibilität. Tatsächlich bedarf niemand in der Welt unserer Fürsorge und Freundlichkeit mehr als wir selbst. Die tiefste Veränderung, die wir als Menschen durchlaufen können, geschieht, wenn wir Abneigung in Freundlichkeit und Widerstand in Freundschaft umwandeln. Wenn sich Leid und seelischer Schmerz in Frieden und Wohlbefinden verwandeln. Es ist vielleicht unrealistisch zu erwarten, dass wir innerlich Frieden und Freundlichkeit erfahren werden, solange wir sie nicht in unseren eigenen Herzen finden können.

Erinnern wir uns daran, dass Metta nicht jenseits oder abgetrennt von schwierigen und betrüblichen inneren Zuständen und Emotionen existiert. Metta ist vielmehr eine Einstellung und innere Haltung, die in jeder Situation kultiviert werden kann, besonders bei Abneigung und Ablehnung. Metta erlaubt es uns, inmitten aller Gefühle und Gestimmtheiten mit einer Haltung der Freundlichkeit präsent zu sein. Bei Abneigung haben wir die Tendenz, uns selbst von dem, was wir ablehnen, abzuspalten, und uns lieber einen zukünftigen Moment vorzustellen, in dem der Kummer vorüber ist und wir endlich wieder einen idealisierten Zustand von Freundlichkeit erleben. Metta als ein idealisierter Zustand, abgetrennt vom Schmerz und der Traurigkeit des gegenwärtigen Moments würde aber unweigerlich neue Gefühle des Versagens und der Unzulänglichkeit auslösen. Der Weg von Metta ist tatsächlich eher der, dass wir uns im gegenwärtigen Augenblick mit unserer Traurigkeit, unserem Kummer, unseren beurteilenden Gedanken, unseren Versagensängsten und Gefühlen von Unwürdigkeit anfreunden. Denn auch diese sind Formen des Leidens und verdienen daher unsere Freundlichkeit. Wir richten unser Bewusstsein neu aus: Wir warten nicht länger, bis der Kummer verschwunden ist, damit Freundlichkeit erscheinen kann. Indem wir unsere Fähigkeit kultivieren, uns mit dem Kummer anzufreunden, wird er gelindert und geheilt. Mit Metta lernen wir, den gegenwärtigen Moment vom qualvollen Griff der Feindseligkeit zu befreien und Freundschaft mit uns selbst zu schließen.

Lassen Sie sich wieder in einer Haltung von Leichtigkeit und Aufmerksamkeit nieder, und verbinden Sie sich mit dem jetzigen Augenblick. Bringen Sie Achtsamkeit in die Kontaktpunkte Ihres Körpers mit dem Boden und in die Hände, wie sie die Beine berühren. Nehmen Sie das Entstehen und Vergehen von Geräuschen wahr und verweilen Sie in einem offenen, empfänglichen Gewahrsein. Vielleicht können Sie spüren, wie es ist, den Körper und diesen gegenwärtigen Moment mit einer liebevollen Neugierde zu bewohnen.

Richten Sie Ihre Aufmerksamkeit auf die Lebendigkeit Ihres Körpers und das Spektrum von Empfindungen in diesem Augenblick. Spüren Sie die Stellen in Ihrem Körper, an denen es Spannung, Festhalten oder Unbehagen gibt. Berühren Sie diese Stellen mit einem sanften und neugierigen Gewahrsein, erforschen Sie achtsam die subtilen Veränderungen, die an den Stellen des Unbehagens auftreten, wie die Intensität abnimmt oder zunimmt, oder wie sich Empfindungen wandeln. Erforschen Sie mit Achtsamkeit die Ränder des Unbehagens, dort, wo sich die Festigkeit von Schmerz auflöst oder weicher wird. Spüren Sie, wie es ist, dem Schwierigen mit Achtsamkeit und Fürsorge nahe- oder beiseitezustehen.

Lauschen Sie der Lebendigkeit Ihres Körpers und spüren Sie auch die Stellen Ihres Körpers, die locker sind, wie die Handflächen, der Kontakt der Lippen miteinander oder Ihre Ohren. Richten Sie Ihre Achtsamkeit auf all das, was sich gut anfühlt und frei von Schmerz oder Stress ist. Beginnen Sie in dieses Feld der Empfindungen, der guten und der schwierigen, der leichten und der herausfordernden, die Samen von Freundlichkeit und Freundschaft zu säen. In dieser Übung ist die Absicht von Metta eher ein Prozess als ein Zustand, eher ein Verb als ein Substantiv. Wir sind dabei, uns anzufreunden, auf einer Reise der Fürsorge, des Zuhörens und des Wahrnehmens. Wir befinden uns in einem Prozess, um wieder zu lernen, das Herz der Freundlichkeit zuzuneigen.

Möge ich inmitten von dem, was gerade geschieht, wohlauf und sicher sein.

Möge ich mit meinem Körper Frieden schließen.

Möge ich in diesem Moment mit Freundlichkeit und Leichtigkeit verweilen.

Es fällt uns nicht leicht, mit dem Schmerzhaften und dem Schwierigen zu sein. Vielleicht wird uns dabei bewusst, wie die tief verwurzelten Muster von Abneigung und Nichtannahme entstehen. Es widerstrebt uns, Schmerz zu erfahren und sich ihm zu öffnen. Das ist menschlich. Wenn wir Metta kultivieren, heißt das nicht, dass wir Schmerz oder Stress mögen oder lieben müssen. Wir respektieren den zutiefst menschlichen Wunsch, dass der Schmerz aufhört. Wir wissen jedoch auch, dass wir oft keine Kontrolle darüber haben, ob Krankheit und Schmerz in unser Leben treten, wir laden sie nicht ein. Wir hören dann eher die Stimme der Selbstverurteilung: »Was habe ich gemacht, damit mir das geschieht?« oder »Dieser Schmerz ist meine Schuld.« Wir lernen, dass wir wählen können, auf was wir in dem Moment unsere Aufmerksamkeit richten. Wenn wir die beurteilende und nach Schuldigen suchende Stimme mit Aufmerksamkeit, Gedanken und Reaktivität stärken, dann wird sie lauter und kräftiger. Wenn wir allerdings die Absicht von Metta nähren, indem wir mit unserer Aufmerksamkeit zu den Sätzen und unserem Wunsch nach Fürsorge zurückkehren, dann wird diese Absicht anwachsen und bestärkt.

Wenn Sie bemerken, dass Ihre Bereitschaft, mit dem Schmerz zu sein, ins Wanken gerät, dann können Sie damit experimentieren, Ihre Achtsamkeit zu den Körperstellen zu bringen, die wohlauf sind, und dort ein Gespür von Leichtigkeit aufnehmen. Schmerz ist nicht die Gesamtheit Ihrer Erfahrung in diesem Moment. Schmerz kann gleichzeitig neben Leichtigkeit und Wohlbefinden da sein. Ein ganz wesentlicher Aspekt von grenzenloser Freundlichkeit besteht darin, diese Möglichkeit eines friedlichen Nebeneinanders von Schmerz und Wohlbefinden oder dem Unangenehmen und dem Angenehmen aus eigener Erfahrung zu kennen. Dabei lernen wir, nicht von einem einzelnen Aspekt unserer Erfahrung beherrscht zu werden, nämlich vom vorherrschenden Eindruck von Schmerz oder Stress, sondern unser Gewahrsein auszudehnen, um die Gesamtheit unserer augenblicklichen Erfahrung anzunehmen. Wenn die strenge innere Stimme lauter wird, dann können Sie zur ersten Übung zurückkehren und sich die Erinnerung an einen Moment oder eine Begegnung spontaner Freundlichkeit vergegenwärtigen. Sobald Sie das Gefühl haben, wieder in dieser Absicht begründet zu sein, können Sie erneut zum Körper zurückkehren, mitsamt seinen Empfindungen von Leichtigkeit und Unbehagen.

In der buddhistischen Psychologie gibt es ein Wort in Pali (der Sprache der frühen Texte), nämlich citta, das sowohl »Geist« als auch »Herz« bezeichnet. Geist und Herz werden nicht als getrennte Erfahrungsbereiche betrachtet, sondern gemeinsam unter dem Begriff citta oder »Bewusstsein« zusammengefasst. Citta beschreibt die gesamte Welt unserer psychologischen und emotionalen Erfahrung mitsamt der gegenseitigen Wechselwirkung, die unsere Erfahrung in diesem Moment ausmacht. Unsere Welt in diesem Moment ist für uns jeweils einzigartig, doch die Art und Weise, wie diese Welt gestaltet wird, gilt universell für das menschliche Bewusstsein. Diese Welt des Moments wird gestaltet durch unsere Emotionen – die angenehmen und unangenehmen –, durch unsere Gedanken, die hilfreichen, reflektierten und kreativen ebenso wie die nutzlosen, zwanghaften, grüblerischen und gewohnheitsmäßigen Gedanken. Ebenso wird unsere Welt in jedem Augenblick von Geisteszuständen gestaltet, wie Traurigkeit, Weite, Enge, Stille, Erregung oder Frieden.

Indem wir lernen, mit unserem Herz-Geist achtsam zu sein, beginnen wir zu erkennen, dass unsere Erfahrung sich ständig wandelt und von Moment zu Moment durch Gedanken, Stimmungen und Emotionen gestaltet wird. Es gibt vieles im Leben, das uns belasten und herausfordern kann, vieles, das uns Sorgen macht und widersprüchlich ist. Dennoch wird uns nichts so sehr belasten, wie wenn unser Herz-Geist von gewohnheitsmäßigen, verwirrten und reaktiven Mustern geprägt ist, die innerlich wie äußerlich immer wieder Kummer und seelischen Schmerz erschaffen. Wenn wir Metta kultivieren, lernen wir, uns mit dem Herz-Geist anzufreunden, ihn mit Freundlichkeit zu versorgen und unser Herz von Feindseligkeit zu befreien, die so viel Stress verursacht. Wir kultivieren einen Herz-Geist, als wahren Freund und Zuflucht, der zu tiefer Kreativität und tiefem Verstehen fähig ist, in dem wir uns niederlassen können.

• DIE ÜBUNG •

Finden Sie wieder eine Haltung von Leichtigkeit und Aufmerksamkeit, und verbinden Sie sich mit der achtsamen Absicht, den Körper und diesen Moment von ganzem Herzen zu bewohnen. Spüren Sie die Orte von Ruhe und Stille in Ihrem Körper, zum

Beispiel die Stille Ihrer Hände, die Ruhe in Ihrer Haltung und die Stille um Sie herum. Bringen Sie ein Gewahrsein dieser Stille in den Vordergrund Ihrer Aufmerksamkeit und erlauben Sie den vorüberziehenden Bildern und Gedanken, im Hintergrund Ihrer Aufmerksamkeit zu ruhen. Folgen Sie für einige Momente den Bewegungen Ihres Atems vom Anfang bis zum Ende, und lassen Sie mit jeder Ausatmung jede Form von Geschäftigkeit oder Unruhe los.

Erweitern Sie das Feld Ihres Gewahrseins, sodass es den gesamten Körper umfasst. Spüren Sie die Gelassenheit, die diese Haltung verkörpert, und die Lebendigkeit der Empfindungen in Ihrem Körper. Freunden Sie sich mit der Gesamtheit Ihrer körperlichen und verkörperten Erfahrung an, ohne Vorbehalte oder Präferenzen. Wir tendieren dazu, nicht in unserem Körper zu sein und eher in unseren Gedanken zu leben und schon an den nächsten Moment zu denken. Oft schenken wir dem Körper nur dann Aufmerksamkeit, wenn es der Stress von uns verlangt. Sowohl Achtsamkeit als auch Metta ersuchen uns, diese Trennung von Geist und Körper aufzuheben. So beginnen wir wahrzunehmen, wie eng Körper und Geist verflochten sind. Der Körper der Traurigkeit, der Körper der Leichtigkeit, der Körper der Abneigung und der Körper der Freundlichkeit werden im Lichte einer fürsorglichen Achtsamkeit erkannt. Der Buddha sagte, dass wir alles, was es in diesem Leben zu lernen gibt, in diesem unseren Körper lernen. Damit ist er sowohl der Kindergarten als auch die Hochschule zum Erlernen von Achtsamkeit und unermesslicher Freundlichkeit.

Erweitern Sie das Feld Ihres Gewahrseins nun weiter, um Ihr Herz, Ihren Geist in diesem Moment zu spüren. Stellen Sie fest, welche Stimmung gerade präsent ist, vielleicht Traurigkeit, Leichtigkeit, Angst, Ruhe, Dumpfheit, Erregung oder Weite. Nehmen Sie einfach ohne Urteil die Verfassung des Geistes in diesem

Moment wahr. Stellen Sie auch fest, welche Gedanken und Bildern gerade durch den Geist ziehen: vergangene, zukünftige, planende, zwanghafte, probende oder sorgende. Während die Gedanken entstehen, erlauben Sie ihnen, wie Wetterlagen durch Ihr Bewusstsein zu ziehen. Spüren Sie, was es bedeutet, all dem mit einer Haltung von Freundlichkeit zu begegnen und mit dem Geist in diesem Moment Freundschaft zu schließen. Säen Sie inmitten all dessen nochmals die Samen der Absicht.

Möge ich inmitten all dessen, was geschieht,
sicher und wohlbehalten sein.
Möge ich inmitten aller Momente friedlich sein.
Möge ich in Freundlichkeit und Leichtigkeit verweilen.

In vielen Momenten werden Sie feststellen, dass Ihre Aufmerksamkeit möglicherweise in den flüchtigen Inhalten des Herzens oder des Geistes gefangen ist. Auch in diesen Momenten gilt es weder zu urteilen noch zu verzweifeln, sondern abermals die Absicht zu erneuern und sich ganz mit der Absicht zu verbinden, die in den Sätzen zum Ausdruck kommt. Achtsamkeit erlaubt uns, eine Entscheidung zu treffen, wo wir uns aufhalten und verweilen, und Metta vermittelt uns, wie wir verweilen – eine Art und Weise, die frei ist von Feindseligkeit und durchdrungen von Freundlichkeit.

Ein Wohltäter, eine Wohltäterin

Metta ist ein Wort mit weitem Bedeutungsspektrum, das die vielen heilsamen und veredelnden Qualitäten von Freundlichkeit umfasst. Eine dieser Qualitäten ist die Großzügigkeit. Großzügigkeit wiederum ist die Grundlage des gesamten Wegs zum Erwachen. Sie erfreut und bereichert unser Herz und unser Leben sowie die Leben aller. Sie ist das Gegenmittel zu dem ängstlichen, behüteten Herz, das in Angst vor Verlust und Entbehrung lebt. Die Fäden der Angst ziehen sich durch das ganze Gewebe der Abneigung und lassen uns immer fester an dem festhalten, was wir unser eigen nennen. Der festhaltende und von Angst definierte Geist trennt uns sowohl von der Familie aller Wesen als auch von der Freude der Großzügigkeit.

Großzügigkeit ist keinem von uns unbekannt. Unsere Leben werden von größeren oder kleineren unerwarteten Gesten der Großzügigkeit berührt, die uns von Fremden oder Nahestehenden zuteilwerden. Wir kennen Momente spontaner Großzügigkeit auch aus eigener Erfahrung, wenn wir eine helfende Hand ausstrecken, um das Leben eines anderen Menschen mit einem dankbaren und empfänglichen Herzen zu berühren. Das sind auch Momente der Fröhlichkeit. Großzügigkeit ist unmittelbare Empfänglichkeit, die schenkt, was dieser Moment oder diese Person benötigt, ungefiltert durch unser Urteil darüber, ob ein Gegenüber diese Resonanz verdient oder ihr würdig ist.

Traditionell werden verschiedene Aspekte von Großzügigkeit beschrieben. Praktisches, materielles Geben erwidert die Bedürfnisse anderer und lindert Stress – eine Form von Großzügigkeit, die sich um das Wohlergehen und das Glück eines oder einer anderen sorgt. Dann gibt es die Großzügigkeit von Geduld und Aufmerksamkeit – unsere Bereitschaft, den oder die andere mit ganzem Herzen zu sehen und zuzuhören. Die Großzügigkeit der Furchtlosigkeit reicht eine helfende Hand, um einen anderen vor Schaden zu bewahren. Damit ist es die Form von Großzügigkeit, die uns in allen Lebenslagen erlaubt, uns gegenseitig ein echter Freund oder eine echte Freundin zu sein. Auf Buddhas Weg zum Erwachen beruht Ethik auf Großzügigkeit; ein stilles Herz ist in Freundlichkeit verwurzelt. Großzügigkeit ist eine Verkörperung des tiefen Verständnisses, dass es wahrlich nichts gibt, das wir unser eigen nennen könnten, und Großzügigkeit tritt der Gier entgegen, die machtvoll versucht, zu glauben, die Welt sei ein Ort des Mangels. Das großzügige Herz wird auch als ein Pfad der Kultivierung betrachtet, eine Qualität, die wir schulen und entwickeln können. So wie mit allen Aspekten von Metta lernen wir in jedem Moment, Großzügigkeit zu kultivieren, anstatt uns an dem, was wir haben, festzuhalten und es zu verteidigen.

Großzügigkeit ist nicht nur ein Gegenmittel gegen Angst, sondern auch gegen den nahen Verwandten: die Gier – das ewig begierige Herz, das niemals genug bekommt, genug hat oder zufrieden ist. Mit Metta verstehen wir, dass Angst und Gier Erfahrungen tiefen Leidens sind, die wir nicht zu verurteilen und zu verachten brauchen, sondern die wir verstehen und annehmen können. Sie sind tief verwurzelte emotionale Gewohnheitsmuster, die mit Großzügigkeit aufgelöst werden können.

In der Metta-Praxis ist es der Wohltäter, oder die Wohltäterin, die die Qualität von Großzügigkeit verkörpern. In Momenten von Einsamkeit und Unverbundenheit kann es scheinen, als gäbe es niemanden in unserem Leben, der uns Gutes tut. Zu viele Menschen sind in Familien und Umgebungen aufgewachsen, die von Härte, Ablehnung und Kälte geprägt waren, in denen es keine Unterstützung gab. Dennoch, keiner von uns wäre heute hier, atmend, lebendig, und dabei, einen Pfad des Erwachens zu gehen, ohne dass unser Leben von vielen Gesten der Großzügigkeit, Unterstützung, Inspiration und Freundlichkeit berührt worden wäre. In trostlosen und einsamen Momenten mag es uns schwerfallen, eine Person zu finden, von der wir das Gefühl haben, er oder sie sei uns wirklich wohlgesonnen. Dies sind Momente, in denen wir uns im höchsten Maße getrennt, alleine und ohne Unterstützung fühlen. Doch wenn wir diesen Momenten eine zarte Freundlichkeit entgegenbringen und sie erforschen, können wir erkennen, wie unser Leben und unsere Geschichte wesentlich mit dem Leben und der Geschichte aller Menschen verflochten sind. Die Nahrung, die wir essen, die Kleidung, die wir tragen, welche Sicherheit auch immer wir genießen – all dies haben Menschen möglich gemacht, die wir nie kennenlernen werden. Wie Martin Luther King schrieb: »Noch bevor wir morgens das Haus verlassen, haben wir uns bereits bei der halben Welt verschuldet.«

Wenn wir in dieser Metta-Praxis an einen oder eine Wohltäterin denken, geht es nicht darum, sich an jemanden zu erinnern, der uns dramatisch aus einem brennenden Gebäude gerettet hat oder sich heldenhaft zwischen uns und eine Gefahr gestellt hat. Unsere Wohltäter können Menschen sein, die wir nie persönlich getroffen haben, die uns aber mit ihrem Mut, ihrer Selbstlosigkeit oder ihrer Hingabe aus der Ferne inspiriert haben – Menschen, die wir dafür bewundern, wer sie sind oder für die heilsamen Veränderungen in unserer Welt, die auf ihren Einsatz zurückgehen. Unsere Wohltäter sind Menschen, die uns durch ihre Worte, Taten und ihre Fürsorge unterstützen und umsorgen. Es sind jene Menschen, die uns in Momenten der Not trösten, die uns an die Hand nehmen, wenn wir das Gefühl haben, gänzlich verloren zu sein, die uns ermutigen, wenn wir vollkommen hoffnungslos sind, und die in Momenten, wenn wir zutiefst zweifeln, in unsere Fähigkeiten vertrauen. Unsere Wohltäter sind die vielen Menschen, bei denen wir uns täglich bedanken, während sie uns mit einfachen Worten und Taten, mit Fürsorge und Freundlichkeit, auf unserem Weg durch die Welt helfen.

Während wir die Wohltätigen in unsere Übung einführen, können wir auch darüber reflektieren, wie wir selbst wohltätig handeln, nicht nur für andere, sondern auch für uns selbst. Wie beschenken wir uns selbst mit Großzügigkeit, Geduld und Vertrauen? Können wir lernen, uns selbst gegenüber wohltätig zu sein und unseren körperlichen und geistigen Erfahrungen mit den Qualitäten von Mitgefühl, Vergebung und Toleranz zu begegnen? Können wir lernen, hinter unsere eigenen Unzulänglichkeiten und Fehler zu blicken und zu sehen, dass auch wir die Möglichkeiten zu großer Stille, Erkenntnis und Mitgefühl in uns tragen? Können wir lernen, innerlich großzügig mit unserer Aufmerksamkeit zu sein und unsere Fähigkeit zu Standhaftigkeit und Mut zu ehren?

• DIE ÜBUNG •

Für diese Übung eine Haltung von Leichtigkeit und Aufmerksamkeit einnehmen, und wieder beginnen, dem Körper eine fürsorgliche, empfängliche Aufmerksamkeit entgegenzubringen, ein Gespür für die Lebendigkeit in allen Empfindungen, die im Gewahrsein auftauchen. Spüren Sie das Leben Ihres Herz-Geistes. Richten Sie Ihre Achtsamkeit auf das Entstehen und Vergehen von Gedanken und Bildern, ohne diese festzuhalten. Ein Gefühl von Leichtigkeit kultivieren, ein Gewahrsein des jetzigen Moments.

Laden Sie in diesen Raum eine Erinnerung an jemanden ein, den Sie als Wohltäter oder Wohltäterin betrachten, jemanden, der in Ihrem Leben derzeit präsent ist oder jemanden aus der unmittelbaren Vergangenheit. Vergegenwärtigen Sie sich diese Begegnung. Wenn möglich, visualisieren Sie diese Person und lassen Sie sie im Zentrum Ihres Gewahrseins ruhen, oder ruhen Sie einfach in der Erinnerung an diese Person, die Sie schätzen. Während Sie dies tun, nehmen Sie einfach wahr, welche Resonanz innerlich entsteht – jeden Funken von Dankbarkeit, Wertschätzung oder Freude. Richten Sie Ihre Achtsamkeit, darauf, wie diese Qualitäten in Ihrem Körper und Geist wirken. So gut Sie können, halten Sie Ihre Aufmerksamkeit auf dem Bild oder der Vergegenwärtigung dieser Person, und wünschen Sie ihr aufrichtig Glück und Wohlbefinden. Lassen Sie ausreichend Raum zwischen den Absichten. Spüren Sie, was es bedeutet, in diesen guten Wünschen zu verweilen.

Mögest du sicher und wohlbehalten sein.
Mögest du friedlich sein.
Mögest du mit Freundlichkeit und Leichtigkeit leben.

Nach einiger Zeit können Sie erforschen, was es bedeutet, dieselbe Großzügigkeit und Wertschätzung Ihnen selbst und Ihrer eigenen Erfahrung entgegenzubringen. Nehmen Sie wahr, was es heißt, sich selbst gegenüber wohlgesonnen zu sein und großzügig mit Ihrem Respekt, Ihrer Fürsorge und Ihrer Freundlichkeit.

Möge ich sicher und wohlbehalten sein.
Möge ich friedlich sein.
Möge ich mein Leben mit Freundlichkeit
und Leichtigkeit leben.

Es mag hilfreich sein, den Fokus Ihrer Aufmerksamkeit zwischen der Person, für die Sie diese vorbehaltlose Wertschätzung empfinden, und Ihnen selbst hin- und herwandern zu lassen. Erforschen Sie, was es bedeutet, in Dankbarkeit, Wertschätzung und Freundlichkeit zu verweilen. Beim Kultivieren von Metta ist es wichtig, sich bei dieser Übung nicht zu bemühen, zu versuchen, nichts zu erzwingen und möglichst keine Erwartung zu haben, dass etwas geschehen oder sich bestimmte Gefühle einstellen sollen. Metta zu üben heißt, eine Einladung auszusprechen, eine Absicht zu kultivieren und das Herz für Freundlichkeit zu öffnen.

Ein Freund, eine Freundin

Freundschaft ist auf Buddhas Weg zur Befreiung von zentraler Bedeutung – sie ist eine der drei Säulen des Erwachens. Zwar lehrte der Buddha die Vorzüge von Abgeschiedenheit und Einsamkeit, dennoch wählte er selbst ein Leben unter Menschen und verehrte die Gemeinschaft als Grundlage für gemeinsames Erwachen. Verstehen, was Freundschaft bedeutet, ist ein Schlüssel, um die unermesslichen Qualitäten von Metta zu verstehen. In der Metta-Praxis wird Freundschaft zu einem Verb, nämlich zu lernen sich aktiv, absichtsvoll und bewusst mit allen Menschen – uns selbst miteingeschlossen –, mit allen Ereignisse und allen Erfahrungen anzufreunden. Wie es im Metta Sutta heißt:

> Mit grenzenloser Freundlichkeit für die gesamte Welt
> sollte man ein unbegrenztes Herz kultivieren,
> In alle Richtungen,
> Ohne Behinderung, ohne Hass und ohne Feindseligkeit.[7]

Wir alle gehen diesen Weg nicht alleine, sondern verlassen uns auf vertraute und großzügige Freunde. Eine der größten Herausforderungen in unserem Leben ist es, zu vertrauter und großzügiger Freundschaft mit uns selbst und anderen fähig zu sein. Unsere Freunde sind ebenso fehlbar wie wir es sind, und mit Metta können wir Unzulänglichkeit vergeben und Fehlbarkeit umarmen. Freundschaft trägt uns, tröstet uns in Momenten von Trostlosigkeit, erfreut unsere Herzen und ist eine Zuflucht in Zeiten, in denen wir uns schutzlos fühlen.

Menschliche Beziehungen sind die zärtlichsten und verletzlichsten Räume unseres Lebens, voller Potenzial für großen Schmerz und großes Glück. Wenn diese freundschaftlichen Beziehungen vertieft und erhalten werden sollen, verlangt das von uns großes Bemühen und große Ehrlichkeit. Wir sind von Natur aus Beziehungswesen, von der Welt um uns herum berührt und diese berührend. In diesen Beziehungen sind wir aufgefordert, uns darüber klar zu werden, was es heißt, allein zu sein – also uns selbst eine Zuflucht – und was es heißt, in Gemeinschaft zu sein, mit Freundlichkeit als der Absicht, die uns in diesen Beziehungen leitet.

Der Buddha hat ausführlich über edle und vertrauensvolle Freundschaft gesprochen, als er sagte:

> Vertrauensvolle Freunde sind jene, die dazu verpflichtet sind, uns zu helfen und uns zu unterstützen.
>
> Vertrauensvolle Freunde sind standhaft sowohl in guten als auch in schlechten Zeiten.
>
> Ein guter Freund ist empathisch und erinnert uns an Wohltuendes.
>
> Vertrauensvolle Freunde beschützen uns, wenn wir achtlos und verloren sind.

> Sie sind großzügig und eine Zuflucht, wenn wir ängstlich sind.
>
> Edle Freunde beschützen deine Zuversicht und begleiten dich in unglücklichen Zeiten.
>
> Ein vertrauensvoller Freund führt dich weg von Fehlverhalten und ist ein Gefährte auf dem Pfad zum Erwachen.
>
> Ein guter Freund hat kein Bedürfnis, dir zu schmeicheln oder aus dir Nutzen zu ziehen.
>
> Ein vertrauensvoller Freund wird nicht vom Pfad der Freundlichkeit abweichen.
>
> Der Buddha hat gelehrt: So wie die Dämmerung der Vorbote des Sonnenaufgangs ist, ebenso kündigt wahre Freundschaft das Entstehen des veredelnden achtfachen Pfads zum Erwachen an.[8]

Dies sind eindringliche Richtlinien, die uns zur Reflexion einladen. Unser Leben wäre grundlegend anders, wenn wir diese Richtlinien nicht nur in unseren Beziehungen mit anderen, sondern auch mit uns selbst verkörpern könnten. Sie zeigen uns, dass Vertrauen und Ehrlichkeit aller Freundschaft zugrunde liegen. Es sind Richtlinien, die nicht nur wahre Fürsorge und Respekt, sondern auch Mut verkörpern.

Indem wir Metta kultivieren, kultivieren wir eine innere Verpflichtung, uns selbst und anderen ein vertrauensvoller Freund, eine vertrauensvolle Freundin zu sein. Wir reflektieren über die Bedeutung von Freundschaft und wie diese in unseren Gedanken, Worten und Taten verkörpert ist. Metta wird nicht von Vorlieben beherrscht, denen gegenüber empfänglich zu sein, die wir mögen, und abweisend zu denen, die wir nicht mögen. Metta bedeutet, sich mit der Welt anzufreunden und alle Feindschaft und Feindseligkeit innerlich aufzugeben. Das ist keine romantische Verpflichtung, die darauf hofft, dass es keine Feindseligkeit mehr geben wird. In dieser Welt widerspenstiger Wesen gibt es einen großen Spielraum für Feindseligkeit, Misstrauen und Angst. Metta lehrt uns, mit diesen Wellen weise umzugehen, das heißt, sie nicht als Anzeichen von Misserfolg zu betrachten, sondern sich mit dem Schwierigen anzufreunden.

Wenn wir uns innerlich zu grenzenloser Freundlichkeit verpflichten, bekennen wir uns zur Absicht, ein Leben zu führen, in dem wir niemanden als Feind oder Gegner betrachten. Im Leben jedes Menschen gibt es schwierige Menschen. Metta verweist darauf, dass wir eine Wahl haben, wie wir auf diese schwierigen Menschen reagieren. Wir können dem Pfad von Beurteilung, Verachtung, Vermeidung und Abneigung folgen, oder wir können lernen, angesichts des Schwierigen ruhig zu bleiben und auch diese Menschen nicht aus unseren Herzen und Leben zu verbannen. Vielleicht bleiben diese schwierigen Menschen schwierig, selbst wenn es uns gelingt, Angst und Feindseligkeit aufzugeben. Doch solange wir an der Abneigung festhalten, wird sich sicher weder in unseren Beziehungen noch in unseren Herzen etwas ändern.

Ebenso lädt uns das Kultivieren von Metta dazu ein, uns mit uns selbst anzufreunden. Das heißt, mit allen Aspekten unserer körperlichen und geistigen Erfahrung Freundschaft zu schließen, uns selbst zu beschützen, uns daran zu erinnern, welche Gedanken hilfreich sind, mit uns selbst großzügig zu sein und alle Feindschaft und Feindseligkeit gegen uns selbst aufzugeben. Metta lehrt uns, in unseren glücklichen und unglücklichen Momenten darauf zu vertrauen, dass es kein größeres Geschenk als Freundlichkeit gibt.

• DIE ÜBUNG •

Richten Sie sich in einer Haltung sanfter, wachsamer Aufmerksamkeit ein und lenken Sie Ihre Achtsamkeit auf Ihren Körper in diesem Moment. Manchmal ist es nützlich, einige Minuten nur auf den Atem zu achten, um ganz im Körper und im gegenwärtigen Moment anzukommen. Seien Sie freundlich und aufmerksam, ohne sich zu bemühen oder etwas erzwingen zu wollen. Wenn es hilfreich ist, erinnern Sie sich an einen Moment an diesem Tag, in dem ein Schimmer von Wertschätzung, Großzügigkeit oder Wohlsein da war. Die Grundlage der Übung von Metta ist ein Gefühl von Leichtigkeit und die Bereitschaft, ohne bestimmte Erwartungen präsent zu sein.

Laden Sie in diesen Raum jemandem ein, den Sie als Freund oder Freundin betrachten, der oder die jetzt in Ihrem Leben präsent ist oder einmal präsent war. Eine Person, die ein Lächeln und ein Gefühl von Glück und Wertschätzung in Ihr Herz zaubert. Wenn Sie können, visualisieren Sie diese Person oder vergegenwärtigen Sie sich einfach die letzte Begegnung mit ihr. Lauschen Sie, welche Art von innerlicher Resonanz entsteht. Wenn diese Erinnerung oder das Bild mit einem Gefühl von Fröhlichkeit einhergeht, erforschen Sie, wie dies auf Ihren Körper und Geist wirkt. Erinnern Sie sich daran, dass dies keine Einladung ist, sich nostalgische Geschichten in Erinnerung zu rufen oder sich in Emotionen zu verlieren. Es ist einfach ein Weg, uns an die Absicht und Bereitschaft zu erinnern, denen Freundschaft zugrunde liegt. Beginnen Sie nun, der Person, die in Ihrer Aufmerksamkeit lebendig ist, Ihre von Herzen kommenden Wünsche darzubringen.

Mögest du sicher und wohlbehalten sein.
Mögest du friedlich sein.
Mögest du mit Freundlichkeit und Leichtigkeit leben.

Nach einigen Minuten bringen Sie Ihre Aufmerksamkeit zurück zu sich selbst und erkunden, was es bedeutet, sich selbst mit derselben Absicht zu halten. Lassen Sie alle Schmerzen oder das Unbehagen da sein, das womöglich gerade in Ihrem Körper präsent ist, ebenso wie alle unwillkommenen Gedanken, die vielleicht auftauchen. Freunden Sie sich mit allen an. Schicken Sie die Wünsche für Wohlsein und Frieden an sich selbst. Kultivieren Sie inmitten von schwierigen Empfindungen oder Erfahrungen die Bereitschaft, sich mit dem Körper genauso anzufreunden, wie er ist.

Möge ich inmitten dessen sicher und wohlbehalten sein.
Möge ich inmitten dessen friedlich sein.
Möge ich inmitten dessen mit Freundlichkeit und Leichtigkeit leben.

Die Übung, uns mit allem anzufreunden, was in unsere Welt tritt, ist keine Übung, die dem Meditationskissen vorbehalten ist. Es ist eine Übung für unser Leben. Jeden Tag treten viele Menschen in unsere Welt. Für manche dieser Menschen empfinden wir Zuneigung und vor anderen schrecken wir in Angst oder Verärgerung zurück. In all diesen Begegnungen können wir erkunden, was es heißt, in Freundlichkeit zu verweilen. Wir können sowohl dem Angenehmen als auch dem Unangenehmen mit einem offenen Geist begegnen. Es ist eine mutige Verpflichtung, wenn wir bedingungslose Freundlichkeit kultivieren, uns von niemandem abzukehren und uns allen Menschen und Ereignissen mit einem unerschütterlichen Herzen zuzuwenden.

Ebenso ist es hilfreich, für all die Momente am Tag, mit denen wir uns nicht anfreunden können, Achtsamkeit zu entwickeln. Es sind die Momente von Beurteilung und Schuld, die Momente, in denen wir unser Wohlsein vernachlässigen, und alle Momente, in denen wir aufhören, den Botschaften unseres eigenen Geistes und Körpers zu lauschen. Es sind die Momente, um innezuhalten und die Absicht zu erneuern, uns selbst mit Freundlichkeit und Fürsorge zu versorgen. In jedem Moment, in dem wir daran denken, das zu tun, unterbrechen wir das gewohnte Muster von Selbstaufgabe und lernen, eine Beziehung zu uns selbst zu gestalten, die in Freundlichkeit verwurzelt ist.

Die neutrale Person

Der nächste Schritt auf dem Weg, um grenzenlose Freundlichkeit zu kultivieren, wird traditionell als der Bereich der »neutralen Person« bezeichnet.[9] Genau genommen bezieht er sich auf die vielen Menschen, die durch unser Leben ziehen und denen wir indifferent gegenüberstehen. Zwischen den Menschen, die uns sympathisch sind, die wir lieben, die uns interessieren, und denen, die wir ablehnen, fürchten und mit denen wir zu kämpfen haben, gibt es eine Vielzahl von Menschen, die wir kaum auf dem Radar haben. Es sind die Menschen, die hinter der Kasse am Supermarkt sitzen, unsere Fahrkarten im Zug abstempeln, neben uns im Bus sitzen, uns auf der Straße überholen oder unseren Müll einsammeln. Wir kennen sie in ihrer Funktion und sie hinterlassen einen flüchtigen Eindruck in unserem Bewusstsein;

aber nur selten betrachten wir sie als die lebendigen, hoffnungsvollen, sich durchs Leben kämpfenden menschlichen Wesen, die sie tatsächlich sind.

Mit der achtsamen Kultivierung von Freundlichkeit öffnen wir unsere Herzen und Augen gleichermaßen für alle Wesen. Wir merken, wie selbstbezogen wir in unseren Wahrnehmungen und unseren Beziehungen sind. Wir wollen in der Nähe derer sein, die uns erfreuen, bestätigen, unterstützen und schmeicheln, und uns fernhalten von denen, die uns bedrohen, stören oder herausfordern. Das sind natürlich nachvollziehbare menschliche Reaktionen, doch sie führen dazu, dass wir unendlich viele Menschen aus unserem Gewahrsein und unseren Herzen verbannen. Für die Menschen, für die wir anfänglich Gleichgültigkeit empfinden, Metta zu praktizieren, ist tatsächlich der großzügigste und selbstloseste Schritt auf diesem Weg. Während das Kultivieren von Metta für jene, die wir lieben, unsere Verbundenheit und Wertschätzung vertieft, erhoffen wir uns, wenn wir denen, mit denen wir zu kämpfen haben, Metta wünschen, eine Erleichterung des anstrengenden Kampfes. Wenn wir Metta nun mit jenen kultivieren, zu denen wir eine neutrale Beziehung haben, dann ist das ein Akt tiefer Großzügigkeit und Fürsorge. Sie werden wahrscheinlich niemals erfahren, dass wir sie in unser Herz und unsere Wahrnehmung eingeladen haben. Wir können dabei nichts gewinnen, erhalten aber einen beträchtlichen Spielraum für unsere Entwicklung. Diese Art weiser Aufmerksamkeit lässt das Unsichtbare für uns sichtbar werden. Sowohl Achtsamkeit als auch Metta erleuchten den Moment, den wir gerade erleben, indem wir unsere Aufmerksamkeit ganz darauf richten, mit dem ganzen Herzen zu sehen und zu hören. Achtsamkeit erfordert weder Drama noch Intensität. Sie wird durch unsere Bereitschaft vertieft, dem Gewöhnlichen mit Fürsorge zu begegnen, den unzähligen Begegnungen mit der Welt, die wir als bedeutungslos abtun, einfach, weil sie nicht besonders aufregend sind. Im Lichte der Achtsamkeit wird die Welt lebendig, dynamisch und beseelt. In der bewussten Begegnung mit den Menschen, die uns eigentlich gleichgültig sind, werden auch diese im Licht von Metta erleuchtet. Gleichgültigkeit verschwindet in dem Moment, in dem wir einen anderen Menschen aus ganzem Herzen betrachten.

Wir beginnen zu bemerken, wie unsere Beziehungen hauptsächlich in Geschichten und in der Vergangenheit verwurzelt sind. Im Freundeskreis und mit denen, die uns nahestehen, teilen wir vergangene Erfahrungen, Präferenzen, Ansichten, Werte und Meinungen. Unsere Geschichten überkreuzen sich; wir können gemeinsam die Vergangenheit wiederaufnehmen und uns eine gemeinsame Zukunft ausmalen. Wir mögen vielleicht dieselben Bücher, unterstützen dieselben Sportmannschaften und unsere Leben sind durch unsere gemeinsamen Geschichten und durch die Vergangenheit definiert. Wir leben in einem Zustand von gegenseitigem Verständnis und in einer auf Vertrautheit beruhenden Sicherheit. In dieser Vertrautheit finden wir Geborgenheit, und wir können erschrecken, wenn sich Menschen auf unvorhergesehene Weise ändern.

Auch mit den schwierigen Menschen in unserem Leben teilen wir eine gemeinsame Geschichte und Vergangenheit. Oftmals sind diese in Schmerz verwurzelt, und folglich wird unsere Beziehung zu ihnen durch diesen Schmerz definiert. Selbst wenn wir mit allen Kräften versuchen, schwierige Menschen aus unserem Leben zu entfernen, sie leben in unseren Gedanken, Erinnerungen und eingeprägten Verletzungen weiter. Die Verwundung kann bleiben, auch wenn jemand, der uns in der Vergangenheit verletzt hat, aus unserem Leben verschwunden ist. Möglicherweise sehen wir so eine Person zehn Jahre später und fühlen, wie die

Empfindung der Verwundung wieder auftritt und wiedererlebt wird. Er oder sie bleibt die schwierige Person, erstarrt im Griff unserer Angst und unserer Verletzung.

Unsere Beziehung zu neutralen Menschen ist von der Abwesenheit einer gemeinsamen Geschichte geprägt und daher von der Abwesenheit emotionaler Reaktionen. Wir betrachten sie vielleicht nicht wirklich als Wesen wie uns selbst, Wesen, die sich danach sehnen, gesehen und so akzeptiert zu werden, wie sie sind. Unsere Aufmerksamkeit ist ohne Interesse, denn für uns sind sie Fremde und ohne persönliche Bedeutung. Das Kultivieren von Metta unterbricht dieses Muster und kehrt es um. Wir lernen, die andere Person mit Fürsorge zu betrachten und den ganzen Menschen zu sehen. Dieser Schritt von Metta ist eine Einladung, die Grenzen unserer persönlichen Geschichte zu überschreiten, die Vorstellungen, die wir über uns und andere haben, loszulassen, und die universelle Geschichte von uns Menschen zu erkunden.

Um sich mit einem Menschen anzufreunden, müssen wir die Details seines oder ihres Lebens nicht kennen. Wir lernen, uns zu kümmern, anstatt zu vernachlässigen, wir nehmen Anteil, anstatt zurückzuweisen – und so verschwindet die Gleichgültigkeit. Die universelle menschliche Geschichte spricht von dem Mysterium, den Hoffnungen und der Komplexität jedes einzelnen Menschen. Wir sehnen uns nach Glück und Respekt. Wir sehnen uns nach Leben, nach Verbundenheit, nach Liebe und nach Annahme. Wir sehnen uns danach, frei von Schmerz, Sorge und Angst zu sein. Vor allem sehnen wir uns alle danach, gesehen zu werden und uns zugehörig zu fühlen. Diese zentrale Sehnsucht teilen wir mit jeder Person, die uns gegenübersteht, ohne dass wir eine gemeinsame Geschichte brauchen. In diesem Schritt von Metta geht es hauptsächlich darum, die Grenzen von »selbst« und »den anderen« zu überschreiten, und alle Wesen, ohne Ausnahme, in die grenzenlose Freundlichkeit miteinzubeziehen. Dabei ist weniger die vergangene oder zukünftige Beziehung mit der anderen Person gemeint, sondern eher die Qualität unseres Gewahrseins und unsere Beziehung in der Gegenwart.

Durch unsere Absicht, für die andere Person aus ganzem Herzen anwesend zu sein, verwandelt sich Gleichgültigkeit in Fürsorge. Wir kultivieren eine Seinsweise, in der niemand unsere Fürsorge erst verdienen oder ihrer würdig sein muss und niemand von der grenzenlosen Freundlichkeit, die für jeden einzelnen von uns möglich ist, ausgeschlossen wird. Es ist eine Verpflichtung, sich in diesem gegenwärtigen Moment, dem Wohl des anderen und dem eigenen Wohl zu widmen, in dem Wissen, dass unsere Herzen miteinander verflochten sind.

Dieser Teil der Übung von Metta ist alleine schon dadurch eine Herausforderung, dass wir jene neutralen Menschen sehr leicht vergessen. Es kann hilfreich sein, diese Übung inmitten unserer alltäglichen Erfahrung zu praktizieren. Wir gehen mit der Absicht in den Tag, unsere Aufmerksamkeit genau den Menschen zu schenken, die wir sonst ignorieren oder übersehen. Probieren Sie aus, wie es ist, dem Schaffner im Zug oder der Person hinter der Theke in dem Laden an der Ecke in die Augen zu blicken, oder ihn oder sie zu grüßen. Sie brauchen dabei nichts Besonderes zu empfinden, schauen Sie einfach und erlauben Sie diesem Menschen, sichtbar zu sein. Vielleicht fällt Ihnen auch auf, dass Gleichgültigkeit oft durch Unaufmerksamkeit entsteht. In dem Moment, in dem wir in Beziehung treten, verschwindet die Gleichgültigkeit. Die neutrale Person ist nicht länger neutral. Wir sind vielleicht versucht, um sie oder ihn herum eine Geschichte zu erfinden, aber wir können der Versuchung auch widerstehen und einfach eine Verbundenheit mit der Person aufrechterhalten, mit der Absicht, sich anzufreunden.

Suchen Sie wieder einen ruhigen Ort und richten Sie Ihre Aufmerksamkeit auf den Körper, in dem Wissen, dass jeder Augenblick körperlichen Gewahrseins ein Moment von Achtsamkeit und Vergegenwärtigung des jetzigen Augenblicks ist. Vielleicht ist es möglich, ein Gefühl von Ruhe im Körper zu kultivieren, mit jeder Einatmung Körper und Geist beruhigend, mit jeder Ausatmung Körper und Geist beruhigend. Vergegenwärtigen Sie sich in Ihrer Aufmerksamkeit eine Person oder eine Situation, in der Freundlichkeit leicht entsteht, spüren Sie die Landschaft von Leichtigkeit, Weite und Freundlichkeit.

Rufen Sie sich die Absichten von Metta ins Gedächtnis:

Möge ich sicher und wohlbehalten sein.
Möge ich friedlich sein.
Möge ich mit Freundlichkeit und Leichtigkeit leben.

Nun laden Sie eine neutrale Person aus Ihrem Leben in Ihre Aufmerksamkeit ein, eine Person, die Ihnen mehr oder weniger gleichgültig ist, an die Sie sich allerdings erinnern können. Wenn möglich, visualisieren Sie das Gesicht dieser Person oder sehen Sie ihn oder sie so, wie er oder sie erschienen ist – den Bus fahrend, hinter der Kasse sitzend, neben Ihnen im Zug sitzend, der Nachbar, den Sie auf der Straße überholen, aber selten grüßen. Lassen Sie diese Person im Zentrum Ihrer Aufmerksamkeit ruhen, im Zentrum Ihrer Freundlichkeit, und bringen Sie der Person von ganzem Herzen Ihre Wünsche für sein oder ihr Wohlsein dar:

Mögest du sicher und wohlbehalten sein.
Mögest du friedlich sein.
Mögest du mit Freundlichkeit und Leichtigkeit leben.

Ihre Gedanken werden vielleicht abgleiten, Ihre Aufmerksamkeit mag abdriften, und es tauchen möglicherweise allerlei Geschichten auf. Lassen Sie sich davon nicht überraschen oder entmutigen. Kehren Sie einfach zu der Absicht zurück, die in den Sätzen zum Ausdruck kommt. Lauschen Sie innerlich jeder Resonanz, die entsteht, und lassen Sie zwischen den Sätzen jede Menge Raum. Sie können dann auch damit experimentieren, das Feld Ihres Gewahrseins auszuweiten und mehrere Menschen miteinzubeziehen, die Ihnen in der Vergangenheit gleichgültig und daher unsichtbar waren, und auch für diese Menschen Raum schaffen in dem sich ständig erweiternden Kreis von Wohlwollen und Freundlichkeit.

Die schwierige Person

Menschen beleidigen, betrügen, kränken, irritieren und verletzen uns manchmal zutiefst durch ihre Gedanken, Worte und Taten. Wir betreiben heroische Anstrengungen und Strategien, um diese schwierigen Menschen auf Distanz zu halten, zu vermeiden und aus unserem Leben auszuschließen. Selbst wenn wir dabei äußerlich erfolgreich sein sollten, verfolgen sie uns in unseren Gedanken und Träumen, als ob wir Narben von den Begegnungen mit Menschen davontragen, die wir fürchten oder von denen wir uns verletzt fühlen. Wir hatten schwierige Menschen in unserer Vergangenheit, wir treffen auf schwierige Menschen in der Gegenwart und wahrscheinlich werden wir alle auch schwierigen Menschen in der Zukunft begegnen.

In diesem Bereich menschlicher Beziehungen empfinden wir am deutlichsten Gefühle von Abneigung und Angst, und das überfordert uns manchmal. Wir wollen den Schmerz nicht spüren und wiederholen, das ist nur menschlich. Es ist klug und weise zu wissen, wie wir uns beschützen können, ohne dass diese kluge Unterscheidung zu einem Instrument wird, um durch Gedanken und Vermeidung weiter Angst und Schrecken zu schüren. Eine verkörperte Freundlichkeit in unserem Leben muss notwendigerweise auch eine kluge Freundlichkeit sein, die unser eigenes Wohl beschützen kann, ohne in eine ängstliche Abwehrhaltung zu verfallen. Metta handelt mit Unterscheidungsvermögen und weiß genau, wie nahe wir den schwierigen Menschen in unserem Leben kommen sollten. Die Übung von Metta mit schwierigen Menschen ist keine magische Lösung, um schwierige Menschen in wunderbare zu verwandeln. Sie bleiben wahrscheinlich schwierig. Es liegt nicht in unserer Hand, die emotionalen oder gedanklichen Gewohnheiten einer anderen Person zu ändern, ebenso wenig wie es in der Hand einer anderen Person liegt, unsere zu ändern. Metta in Beziehungen zu schwierigen Menschen zu kultivieren ist auch kein stillschweigendes Dulden des Inakzeptablen und Schädlichen. Das Leben verlangt von uns allen, dass wir den Mut finden, Nein zu den Ursachen von Leid zu sagen, und dass wir kluge Worte und Taten finden, um das Leid zu beenden. Metta wird bedeutungslos, wenn sie nicht in der Interaktion mit dem Leben verkörpert wird. Metta erlaubt uns, mutig zu handeln und gibt uns die Fertigkeit, einschreiten zu können, wann immer wir Leid begegnen.

Die Metta-Praxis ist ein Weg, in dem wir uns mit dem Schmerz beschäftigen, der entsteht, wenn ein Herz in Abneigung, Feindseligkeit und Angst gefangen ist. Keine dieser betrübenden Emotionen müssen uns lebenslang begleiten. Mit Achtsamkeit sehen wir, dass jeder Moment der Abneigung ein Moment des Leidens ist, der unsere Fürsorge und unser Mitgefühl verdient. Wir beschäftigen uns unaufhörlich mit Menschen, vor denen wir Angst haben oder die wir ablehnen, und so besetzen sie unsere Gedanken. Wir ertappen uns dabei, dass wir mehr an die Menschen denken, die wir ablehnen oder fürchten, als an diejenigen, die wir lieben. Durch unsere übermäßige Beschäftigung mit der Zurückweisung oder dem Urteil, das wir von einer anderen Person erhalten haben, beginnen wir an uns selbst zu zweifeln. Wir bleiben innerlich verbunden mit der vergangenen Erfahrung, verletzt zu werden, und überlassen unsere Autonomie tatsächlich der Person, die uns verletzt oder geschadet hat. Diese Person ist vielleicht in seinem oder ihrem Leben weitergezogen, doch scheinbar hat er oder sie gleichzeitig einen Wohnsitz in unserem Herzen angenommen. Der Pfad von Metta beschäftigt sich mit der Heilung von diesem Schmerz, indem die Wurzeln der Abneigung gekappt werden.

Niemand von uns bleibt davon verschont, von anderen abgewiesen oder hart behandelt zu werden. Wenn wir durch andere verurteilt werden oder Grausamkeit und Feindseligkeit erhalten, verletzt uns das zutiefst. Es ist allzu leicht, darauf mit Abwehr zu reagieren. Feindseligkeit trifft dann auf Feindseligkeit, sie wird verstärkt und Feinde werden geboren. Jedes Mal, wenn wir wieder auf diese Geschichte zurückkommen, verhärten sich Schmerz, Spaltung und Angst. Wir können uns ein Zuhause in Ablehnung erschaffen, die in Schmerz verwurzelt ist, und es wird eine schäbige und verarmte Unterkunft sein. Der Sufi-Meister Rumi hat einst gesagt: »Angst ist das billigste Zimmer in dem Haus, und ich würde dich gerne in einer besseren Unterkunft sehen.« Metta bietet die einzigartige Möglichkeit, uns selbst daraus zu entlassen, unsere Herzen aus dem Gefängnis von Feindseligkeit zu befreien, indem wir erkennen, dass wir die Schlüssel dazu selbst in der Hand haben. Metta bietet einen Weg, das Herz zu befreien und zu erkennen, was es bedeutet, ohne Feinde zu leben und zu sterben. Der Buddha hat gelehrt:

> Alles, was wir jetzt sind, ist das Resultat all dessen,
> was wir waren.
>
> Alles, was wir morgen sein werden, ist das Resultat
> all dessen, was wir jetzt sind.
>
> Es gibt ein zeitgemäßeres Sprichwort –
>
> Wenn du um deine Vergangenheit wissen möchtest,
> betrachte deinen Geist hier und jetzt.
>
> Wenn du um deine Zukunft wissen möchtest,
> betrachte deinen Geist hier und jetzt.

Wir können weder die Vergangenheit mit all ihren schmerzhaften Erfahrungen umschreiben, noch können wir uns vor der Zukunft mit all ihren möglichen schwierigen Erfahrungen schützen, aber wir halten die Fähigkeit in unseren Händen, unseren Geist in der Gegenwart zu verwandeln. Es ist diese innere Fähigkeit, um die es geht, wenn wir Metta kultivieren. Vergangene Erinnerungen tauchen in der Gegenwart in Form von sich wiederholenden und oft zwanghaften Gedanken auf. Die damit verbundenen emotionalen Erinnerungen an die Verletzung entstehen gemeinsam mit den Gedanken, und jedes Mal, wenn wir bei diesen emotionalen Erinnerungen verweilen, werden sie tiefer eingebettet und nehmen eine fast suchterzeugende Qualität an. Wir wollen also weder endlos über das Vergangene grübeln noch wollen wir unsere Gegenwart von der Vergangenheit verzerren lassen – doch allzu oft fühlen wir uns in dem Gewirr von Gedanken und Erinnerungen hilflos.

Das sind die Momente, in denen es hilfreich ist, Metta eher als eine Konzentrationsübung zu praktizieren. Die Formulierungen, in denen die Absichten von Metta ausgedrückt werden, sind Gedanken, und der menschliche Geist kann nicht mehr als zwei Gedanken gleichzeitig denken. Wir haben eine Wahl, welchen Gedanken wir folgen, und es ist weitaus weiser und gütiger, unsere Aufmerksamkeit auf Gedanken zu richten, die unserem Wohl dienen, als auf Gedanken, die uns eher schaden. In den Momenten, in denen unser Geist in eine Geschichte von Abneigung verwickelt wird, können wir kontinuierlich und ununterbrochen die Metta-Sätze formulieren. Wir fühlen uns dabei vielleicht nicht freundlich, aber zumindest nähren wir nicht die Geschichte von Feindseligkeit. Wir können die Formulierung »Möge ich inmitten diesem wohlbehalten und sicher sein. Möge ich friedlich sein.« verwenden. Oder wir können auch nur eine Formulierung verwenden. Manchmal ist es hilfreich, nur ein einzelnes Wort zu verwenden: »friedlich« oder »gütig«. Es ist ein ganz wesentlicher Aspekt der Übung von Metta, zu lernen, die Muster der Abneigung zu unterbrechen, die auf Gedanken basieren und das Feuer von Feindseligkeit schüren.

Wenn sich die Kaskade zwanghafter Gedanken beruhigt hat, dann können wir beginnen, das Feld des Schadens und der Verletztheit mit einer von Freundlichkeit durchdrungenen Achtsamkeit zu erkunden. In der Lehre des Buddha wird die Befreiung des Herzens mit dem Begleichen von Schulden verglichen. Er forderte uns auf, über die Angst, Sorge, Überbeschäftigung und emotionale Enge nachzudenken, die mit der Erfahrung, finanziell verschuldet zu sein, verbunden sind, um sich vorzustellen zu können, was es bedeuten würde, die Schulden zurückzuzahlen und das anschließende Gefühl von Freiheit zu erfahren. Auf dem Pfad der Befreiung ist die angesprochene Verschuldung eine emotionale und psychologische Schuldenlast. Wenn wir herausfinden wollen, wo diese in unserem Leben vorhanden ist, so müssen wir erforschen, worüber wir am häufigsten nachdenken und in was wir uns hineinsteigern. Keine andere Macht erschafft eine so schmerzliche Schuldenlast wie die Abneigung. Das Verweilen in Schmerz, Scham, Schuld und Feindseligkeit wird alles offenbaren, womit wir innerlich und äußerlich nicht in Frieden sind. Metta hingegen ist ein friedensstiftender Pfad. In den verschuldeten Bereichen unserer Leben lernen wir uns selbst zu fragen: Was müsste ich loslassen? Was müsste ich kultivieren, um die Gegenwart zu heilen und mich von dem Griff der Abneigung zu befreien, dem Griff des bereits Vergangenen?

Der Buddha wurde von einem Schüler gefragt: »Warum strahlen deine Mönche und Nonnen so?« Er antwortete: »Weil sie nicht in der Vergangenheit bei allem, was vorübergegangen ist, verweilen, sich nicht vorwärts lehnen in die Zukunft mit Vorahnung und Erwartung, und weil sie in der Gegenwart mit nichts übermäßig beschäftigt oder zwanghaft sind, daher strahlen sie so.« Wir sollten nicht annehmen, dass das Leben der Mönche und Nonnen, mit denen der Buddha lebte, von Abneigung, Feindschaft oder schwierigen Menschen unberührt war. Doch Buddhas Weg zur Heilung konzentriert sich nicht so sehr auf die Geschichte dessen, was vorübergegangen ist, sondern auf unsere Beziehung zu dieser Geschichte, wie sie in der Gegenwart entsteht. Den Erinnerungen an Verletzung mit Feindseligkeit zu begegnen, trägt die Vergangenheit in die Gegenwart und verstärkt das Gefühl von Verwundung. Zu lernen, dass wir der Vergangenheit, wenn sie in Form von Gedanken in der Gegenwart wieder hochkommt, die Qualitäten von Fürsorge, Freundlichkeit und Metta entgegenbringen können, heißt zu lernen, dass wir die Vergangenheit heilen können, indem wir die Gegenwart heilen.

Die Übung von Metta beginnt mit den Orten und Beziehungen, in denen wir ganz spontan Freundlichkeit und Fürsorge empfinden. Sich Freunden, Bekannten und uns wohlgesonnenen Menschen nahe zu fühlen, fällt leicht. Wir lernen, uns mit dem Geschmack von Güte und Freundlichkeit vertraut zu machen. Wir lernen auch, dass dies eine absichtsvolle Fähigkeit ist, die wir kultivieren und in der wir verweilen können. Wir lernen, da, wo es leicht ist, unser Herz zu öffnen, um Freundschaft zu schließen, und entwickeln so die Fertigkeit und Zuversicht, dies auch den komplexeren und schwierigen Beziehungen in unserem Leben entgegenbringen.

Die schwierige Person, mit der wir uns in der Übung von Metta beschäftigen, können auch wir selbst sein. Das kann uns helfen, wahrzunehmen, wie die Beziehung zu unserer eigenen körperlichen und geistigen Erfahrung Einblicke in die vielfältigen Muster erlaubt, die alle unsere Beziehungen färben. Gleichzeit sind wir möglicherweise erfahrener und extremer darin, unsere Feindseligkeit nach innen zu richten als irgendwo andershin. Dies führt dazu, dass wir Meister sind in Selbstverurteilung, Schuldzuweisung, Kritik und Verachtung. Gleichzeitig verstehen wir die Dringlichkeit, mit unserer eigenen körperlichen und geistigen Erfahrung Frieden zu schließen. In der buddhistischen Psychologie beschäftigt sich Heilung weniger mit dem, was bereits vergangen ist, sondern es geht ihr mehr um die gegenwärtige Beziehung zu dem emotionalen Schmerz der Vergangenheit, wie er in der Gegenwart entsteht. Ist es uns möglich, Kummer, Angst und Erinnerungen an Zurückweisung oder Schaden, der in der Vergangenheit verwurzelt ist, nicht mit Widerstand zu begegnen, sondern mit Freundlichkeit? Die Essenz von Metta ist es, allen Dingen gleichermaßen erlauben, da zu sein, und freundlich mit ihnen Freundschaft zu schließen.

Wenn wir anfangen, diesen Bereich der Übung von Metta zu erkunden, ist es nicht hilfreich, gleich die schwierigste Person in unserem Leben in den Fokus unserer Aufmerksamkeit zu stellen. Es ist vielmehr ratsam, eine Person zu wählen, deren Vergegenwärtigung lediglich eine leichte Feindseligkeit oder Verärgerung hervorruft. Wir beginnen lieber mit dem, was möglich ist, als mit etwas, das unmöglich erscheint.

• DIE ÜBUNG •

Lassen Sie sich in einer angenehmen Haltung nieder und erlauben Sie dem Körper, sich zu entspannen und zu beruhigen. Lauschen Sie der Lebendigkeit Ihres Körpers und Geistes. Nehmen Sie das Entstehen und Vergehen von Gedanken und Empfindungen mit einer achtsamen Freundlichkeit wahr. Richten Sie Ihre Aufmerksamkeit auf eine Person in Ihrem Leben, die mühelos ein Gefühl von Freundlichkeit entstehen lässt. Reflektieren Sie über diese Person und Ihre eigene Resonanz, und kultivieren Sie Metta als innere Absicht.

Mögest du sicher und wohlbehalten sein.
Mögest du friedlich sein.
Mögest du mit Freundlichkeit und Leichtigkeit leben.

Nun wenden Sie sich Ihnen selbst mit der gleichen Haltung von Freundlichkeit zu – Ihrem Körper, Ihrem Geist, Ihrem Herz – wie auch immer Sie gerade in diesem Moment präsent sind und was auch immer Sie gerade erfahren. Nehmen Sie Ihr eigenes Wesen mit derselben uneingeschränkten Freundlichkeit an, die Sie einem Ihnen nahestehenden Menschen schenken würden.

Möge ich sicher und wohlbehalten sein.
Möge ich friedlich sein.
Möge ich mit Freundlichkeit und Leichtigkeit leben.

Lassen Sie Raum zwischen den Formulierungen und lauschen Sie innerlich auf jede Resonanz, die da entsteht. Erlauben Sie Ihrer Aufmerksamkeit sich auszudehnen, um den Freund oder die Freundin, den Wohltäter oder die Wohltäterin, die neutrale Person und sich selbst miteinzuschließen, und kommen Sie ganz in dieser Haltung des Anfreundens an.

Mögen wir sicher und wohlbehalten sein.
Mögen wir friedlich sein.
Mögen wir mit Freundlichkeit und Leichtigkeit leben.

Erweitern Sie Ihre Aufmerksamkeit weiter und laden Sie eine Person in das Feld Ihres Gewahrseins ein, mit der Sie sich nicht im Frieden fühlen. Sie können sich auch vorstellen, dass die Person auf dem Kissen neben Ihnen oder im Raum nebenan sitzt. Visualisieren Sie diese Person nochmals oder vergegenwärtigen Sie sich Ihre letzte Begegnung miteinander. Lauschen Sie nach innen auf Ihre eigene Resonanz, wie auch immer sie gestaltet ist, und erforschen Sie, was es heißt, mit dieser Person und der Resonanz in Ihnen zu sein. Verankern Sie Ihre Aufmerksamkeit in den Sätzen, anstatt sich in der Geschichte zu verlieren. Soweit es Ihnen möglich ist, seien Sie bereit, Freundschaft zu schließen.

Mögest du sicher und wohlbehalten sein.
Mögest du friedlich sein.
Mögest du mit Freundlichkeit und Leichtigkeit leben.

Wenn Sie feststellen, dass Angst oder Feindseligkeit zunehmen, erkunden Sie auch, was es bedeutet, inmitten dieser schwierigen Emotionen eine innere Zuflucht zu finden.

Möge ich sicher und wohlbehalten sein.
Möge ich friedlich sein.
Möge ich mit Freundlichkeit und Leichtigkeit leben.

Wenn die Übung zwanghaft wird, können Sie jederzeit in einen Bereich zurückzukehren, in dem es mehr Leichtigkeit gibt, um die Fähigkeit, Freundschaft zu schließen, zurückzugewinnen, um sich dann erneut der schwierigen Person anzunähern. Das Kultivieren von Metta ist fließend und empfänglich. Es bedeutet zu lernen, inmitten aller Beziehungen in Freundlichkeit zu verweilen und unser Herz in diesem Moment von Angst und Feindseligkeit zu befreien.

Die Welt der Erfahrungen und Ereignisse

Traditionell wird Metta in den menschlichen Beziehungen kultiviert. Doch Ablehnung ist nicht unseren Beziehungen zu anderen vorbehalten, sie tritt auch in der Welt der zahlreichen schwierigen und verzwickten Erfahrungen und Ereignisse auf, die uns täglich begegnen. Metta ist nur dann sinnvoll, wenn es ausgedehnt wird, um auch diese Welt zu umfassen. Als Pfad des Erwachens, der sich dem widmet, vergiftende und leidvolle Feindseligkeit zu beenden, wird Metta in jedem Moment, in der es Ablehnung gibt, kultiviert. Mit Achtsamkeit und klarer

Absicht lernen wir immer wieder, dass wir eine Wahl haben, wo wir unser Zuhause schaffen – in dem verengten Raum von Angst und Abneigung oder in dem weiten Haus von Metta. Wie der Dichter Ikkyū schreibt:

Meine wahre Unterkunft
Hat weder Säulen
Noch ein Dach
Damit der Regen es nicht durchnässen
Und der Wind es nicht davonwehen kann.

Wir alle erfahren in diesem Leben Verlust und Enttäuschung. Wir treffen auf unwillkommene Veränderungen, und es mag Momente geben, wo uns alle Gewissheit entrissen wird und unsere Welt in Stücke zerfällt. Unerwartete Krankheit und Schmerz treffen uns; Menschen, die wir lieben, leiden; der Arbeitsplatz geht verloren und Pläne werden umgestürzt; wir müssen uns von Freunden und Bekannten trennen. Es gibt die großen Nöte und schmerzlichen Verluste, und es gibt unzählige Momente der Enttäuschung, wenn das Leben einfach nicht so läuft, wie wir es gerne hätten. Züge haben Verspätung, Computer stürzen ab, das Auto hat eine Panne und unsere Kollegen unterstützen uns nicht.

Wir leben in einer Welt andauernder Konflikte, in der wir täglich der Realität von Grausamkeit, Gewalt, Vorurteilen und Entbehrung ausgesetzt sind, die Menschen erfahren und sich gegenseitig zufügen können. Metta ist kein Weg, um sich von dieser Welt zu distanzieren, sondern eine Einladung, einen Weg zu finden, in alldem ohne Härte und Feindseligkeit zu leben. Es ist eine Verpflichtung des Herzens zu der Möglichkeit, in diesem komplexen und herausfordernden Leben ohne Angst zu leben – und ohne Öl in das Feuer der Feindseligkeit zu gießen.

Wie reagieren wir auf diese Welt, die sich unserer Kontrolle entzieht? Wir spüren die Erschütterungen durch Angst und Sorge, die vertrauten Muster von Abneigung und Widerstand. Manchmal suchen wir vielleicht Zuflucht in Taubheit oder unser Herz verschließt sich aus Schuld. Das geschieht, wenn wir uns angesichts des Schwierigen hilflos fühlen und keine andere Art, zu reagieren, kennen. Metta ist eine Schulung darin, sich nicht abzuwenden. Metta verlangt nicht von uns, das Schwierige zu mögen oder sogar zu schätzen, sondern wir erlernen eine tiefe Kraft, Mut und eine Weite, die unser Herz davor retten, von dem Schwierigen und von unserer Reaktion auf das Schwierige überwältigt zu werden.

Wie es im Metta Sutta heißt:

Lass niemanden jemals einen anderen verachten
Oder betrügen,
Noch einem anderen aus Wut oder Hass
Leiden wünschen.
So wie eine Mutter ihr eigenes Leben wagen würde
Um ihr Kind, ihr einziges Kind, zu beschützen,
Ebenso sollte man zum Wohle aller Wesen,
Das eigene grenzenlose Herz bewachen.[10]

Indem wir lernen, unser eigenes Herz zu beschützen, lernen wir die Welt zu beschützen. Indem wir lernen, die gegenwärtige Welt zu beschützen, lernen wir unser eigenes Herz zu beschützen. Wir lernen unser Herz und die Welt zu beschützen, damit sie nicht durch Feindseligkeit verwundet werden. Zurückhaltung mag Teil dieses klugen Schutzes sein. Zurückhaltung ist weder Vermeidung noch Unterdrückung, sondern eine Fürsorge dafür, was in jedem Moment unseres Lebens genährt wird. Ablehnung und Angst entstehen, und wohin sie führen, wird von der Qualität der

Aufmerksamkeit, die wir ihnen entgegenbringen, bestimmt. Der wichtigste Treibstoff, um die Zukunft der Ablehnung zu garantieren, ist das Denken. Genau hier können wir Zurückhaltung üben, indem wir entscheiden, nicht durch die Tore von Urteil, Schuld, Scham und Verachtung zu treten. Zurückhaltung in unseren Gedanken ist die Bedingung dafür, sich in von Ablehnung und Härte in Worten und Taten zurückzuhalten. Wir lernen, was es bedeutet, die gegenwärtige Welt zu beschützen. Jeder Moment von Angst und Abneigung hat das Potenzial, ein Wendepunkt zu sein, in dem wir entscheiden können, unser unbegrenztes Herz und somit die Welt zu beschützen.

Mit Achtsamkeit können wir lernen, Gedanken in ihrem Entstehen zu erkennen und sie ziehen zu lassen. In Momenten von Angst und Ablehnung erneuern wir die Absicht, uns diesem Moment zu öffnen, wie schwierig dieser auch sein mag. Mit Achtsamkeit können wir unsere Aufmerksamkeit in unseren Körper in diesem Moment bringen und in einen Dialog treten mit der körperlichen Empfindung von Angst und Ablehnung. Inmitten von Ereignissen und Erfahrungen, die uns bedroht oder überwältigt fühlen lassen, finden wir Zuflucht in den formellen Sätzen von Metta. Metta ist aber keine eindimensionale Praxis, die lediglich Sätze wiederholt. Angst und Abneigung sind körperliche und gefühlsbezogene Erfahrungen, die unseren Körper und Geist in diesem Moment formen. Es ist möglich zu lernen, nah bei diesen Erfahrungen und Eindrücken zu bleiben und sie mit Achtsamkeit zu erforschen; weich zu werden, anstatt zu verhärten, sich zu öffnen und anzunehmen, anstatt sich zu verschließen. Das heißt, wir erlernen die Möglichkeit, uns mit allen Ereignissen und Erfahrungen anzufreunden.

Ein wohlwollendes Herz zu kultivieren, einen Geist von Freundlichkeit in der Welt von Ereignissen und Erfahrungen, ist eindeutig eine Schulung für unser Leben und damit eine Übung, in allen Begegnungen des Lebens im gegenwärtigen Moment zu sein. Metta ist eine Absicht, die wir in unseren Tag mitnehmen, in unsere Beziehungen, unsere Arbeit und alle anderen Interaktionen mit der Welt. Es ist mehr als lediglich ein formelles Formulieren der Sätze. Es ist ein vorsichtiges Erforschen aller Momente und Orte, die wir vermeiden, weil wir sie ablehnen oder Angst vor ihnen haben. Es bedeutet achtsam in Bezug auf unsere Sprache zu sein, in dem Wissen um ihre schädliche oder heilende Kraft. Metta lädt uns ein, inmitten schwieriger Ereignisse und Erfahrungen in unserem Leben innezuhalten und zu fragen: Was braucht dieser Moment? Was bedeutet es, für diesen Moment, diese Person, diese unsere Erfahrung zu sorgen? Metta ist immer beziehungsorientiert, es ist eine Art und Weise, in unserem Leben präsent zu sein, engagiert und dynamisch. Wir stellen uns selbst die zentrale Frage: Was braucht es, um diesen Moment von Feindseligkeit und Angst zu befreien und unser Herz uneingeschränkt zu öffnen?

• DIE ÜBUNG •

Die formelle Übung kann eine großartige Zuflucht sein, in die wir alle Momente einbringen können, in denen wir dazu tendieren, uns abzuwenden. Mit Achtsamkeit kehren wir diesen Prozess, der die Ablehnung verstärkt, um, und wenden uns dem Moment zu, anstatt vor ihm zu fliehen. Mit der Absicht, Freundschaft zu schließen, kommt auch die Bereitschaft, mit der schwierigen oder herausfordernden Erfahrung des Moments oder sogar den kleinen Momenten von Verärgerung und Verdrossenheit, zu sein. In diesem Moment ist Metta ein Verb und Prozess, eine absichtsvolle Entscheidung des Herzens.

Möge ich inmitten dessen sicher und wohlbehalten sein.
Möge ich inmitten dessen friedlich sein.
Möge ich inmitten dessen mit Freundlichkeit und Leichtigkeit leben.

Das grenzenlose Herz

Im Kern der Metta-Praxis liegt eine Uneigennützigkeit, eine Gutmütigkeit und eine Fürsorge, die frei ist von Vorlieben und Parteilichkeit. Alle Wesen sind Metta würdig, und allen Wesen kommt Metta zugute – es beschreibt eine Art zu sein mit größtmöglicher Freiheit und Fürsorge, in einer Welt, die nach der Großzügigkeit, Achtsamkeit und Freundlichkeit ruft, die Metta mit sich bringt. Wer sich auf dem Pfad des Erwachens befindet, ist eingeladen, sich innerlich zu sensibilisieren und die Integrität von Metta zur Grundlage aller Gedanken, Worte und Taten zu machen. Um die edlen Qualitäten im Herzen wachsen zu lassen, sind wir eingeladen, uns auf alle Menschen, Ereignisse, Erfahrungen und uns selbst einzulassen. Wir können nicht aus der Entfernung heraus Freundschaft schließen. Mitgefühl und Freude werden nicht aus Distanzierung geboren, sondern aus Innigkeit. Wir lernen, unsere Augen und Herzen zu öffnen und zu sehen, und begegnen jedem und allem, das in unser Leben tritt, ausnahmslos mit Fürsorge. Wir entdecken die Möglichkeit, die Funktionsweise unseres Geistes zu ändern, ihn von Feindseligkeit zu befreien und unser Zuhause in Wohlwollen zu erschaffen. Dies ist ein Kultivieren von Moment zu Moment, verwurzelt in unserer alltäglichen Erfahrung mit allem, was dies mit sich mitbringt – das Angenehme und das

Unangenehme. Das Leben ist der Schulungsraum für Metta, ein Raum, in dem wir erkunden, was uns innerlich zu Erwachen und Freiheit und was uns zu Leid und Entfremdung führt. Wenn wir uns Metta verpflichten, dann beteiligen wir uns bewusst an der Heilung der Welt. Wie der Buddha schon sagte: »Es ist die edelste Art und Weise in dieser Welt hier und jetzt zu leben.«

2

Mitgefühl

Obwohl die Welt voller Leiden ist,
ist sie auch erfüllt mit der Überwindung davon.

HELEN KELLER

Ein junger Neurologe bekam eines Tages einen jungen Mann zur Behandlung, der nach einem katastrophalen Fahrradunfall an irreversiblen Gehirnschäden litt. Paul saß im Rollstuhl, die Arme und Beine von Krämpfen geschüttelt, an ein Beatmungsgerät angeschlossen und unfähig zu kommunizieren, und mit einem qualvollen Ausdruck in seinen Augen – dem einzigen Teil seines Körpers, über den er noch Kontrolle hatte. Es schien, als sei alles Menschliche verschwunden und nur die Urform von Zorn zurückgeblieben. Er knurrte, heulte und stöhnte – sodass selbst das Pflegepersonal es schwierig fand, in seiner Nähe zu sein. Der Neurologe ertappte sich dabei, dass er daran zweifelte, ob er Paul künstlich am Leben erhalten sollte, und ob es ihm nicht besser möglich gemacht werden sollte zu sterben, anstatt seine Qual zu verlängern. Er hatte offensichtlich keine Aussicht auf eine bessere Zukunft und seine Gegenwart war unerträglich.

Eines Tages kam Pauls Schwester zu Besuch, die seinen geliebten Hund mitbrachte, und der Neurologe wurde Zeuge einer Verwandlung, die er nicht für möglich gehalten hätte. Als der Hund Pauls Hand leckte und es sich in seinem Schoß gemütlich machte, verebbte der Zorn. Pauls Körper beruhigte sich, und nur für einen kurzen Augenblicke war er ein Mensch, ein Bruder, jemand der geliebt wurde, der von Bedeutung war und der eine Verbindung zu seinem geliebten Haustier empfinden konnte. Er konnte die Liebe erwidern. Es war ein Moment, sagte der Arzt, »in dem mir plötzlich bewusst wurde, wie meine fehlende eigene Empathie diesen jungen Mann zu jemandem degradiert hatte, der außerhalb der Menschlichkeit stand. Ich sah nur die Pathologie und nicht das menschliche Wesen, das Mitgefühl verdient hatte.«

Mitgefühl ist die Einladung, sich dem Leiden zuzuwenden. So wie die Sehnsucht nach Liebe, Sicherheit und Respekt eine universelle Sehnsucht und Geschichte ist, ebenso ist Schmerz eine universelle und unvermeidliche Geschichte. Leiden ist Teil der Geschichte unseres Körpers und aller Körper – Krankheit, Gebrechlichkeit, Alter und Schmerz treten in jedem Leben auf. Leiden ist Teil der Geschichte unseres Herzens und aller Herzen. In den schmerzhaften Momenten, wenn Einsamkeit, Trauer und Angst unser Leben berühren, sind wir davon überzeugt, dass sich niemand zuvor so gefühlt hat. Dennoch mag es auch da einen Moment geben, in dem wir den Mut finden, unsere Augen und Herzen zu öffnen, und dann sehen wir denselben Schmerz in den Augen und im Leben jedes Menschen um uns herum. Unser Geist kann von Zwang, Schuld, Scham, Urteil, Zweifel und Verwirrung gepeinigt werden, und wir erzählen uns die Geschichte eines Selbst, das sich getrennt und abgespalten fühlt von allen anderen, wertlos und unzulänglich. Vielleicht finden wir auch nur einen Moment, um innezuhalten, uns umzublicken und zu erfahren, dass dieser Schmerz auch Teil der universellen Geschichte ist, nicht unser spezifischer, sondern in jedem menschlichen Geist möglich ist.

Nehmen Sie sich einen Moment Zeit, während Sie im Zug sitzen oder die Straße runterlaufen, und schenken Sie den Menschen um Sie herum aufrichtige Beachtung. Sehen Sie irgendjemanden, der von Unsicherheit, Verlust und Enttäuschung ausgenommen wäre? Sehen Sie irgendjemanden, der von Alter und Tod ausgenommen wäre? Dieses Gewahrsein sollte uns weder bedrücken noch die vielen Momente der Freude, des Glücks und Vergnügens leugnen, die Teil unseres Lebens sind. Es sollte uns allerdings ermutigen, nüchtern darüber zu reflektieren, was uns in diesem einen kostbaren Leben, das wir haben, wirklich wichtig ist.

Mitgefühl fordert uns auf, unseren Platz inmitten von Schmerz und Stress einzunehmen. Wir können uns vorstellen, wie wir im Zentrum eines Kreises von Menschen sitzen, der sich ständig erweitert – mit jenen, die wir kennen und schätzen, jenen, mit denen wir zu kämpfen haben oder die wir fürchten, und den vielen Wesen, die wir nicht kennen. Indem wir uns dieser äußeren Welt zuwenden, beginnen wir den Kummer und die Herausforderungen in jedem Leben wahrzunehmen. Sich von Schmerz und Leid abzuwenden, bedeutet ein Leben der Verleugnung, Vermeidung und Erregung zu führen – ein Leben, das abgetrennt ist von der universellen Geschichte aller Menschen. Sich der Realität von Schmerz und Stress zuzuwenden heißt, dem Mitgefühl die Tür zu öffnen, wodurch es jedem von uns möglich wird, unseren Platz in der Familie aller Wesen einzunehmen. Mitgefühl verleiht unserem Leben Würde, indem es den Kreis unserer Anteilnahme erweitert, um alle miteinzuschließen und für alle zu sorgen. Der

Dalai Lama hat einmal gesagt: »Wenn du wissen möchtest, was Mitgefühl ist, blicke in die Augen einer Mutter, während sie ihr krankes und fieberndes Kind wiegt.« Mitgefühl besitzt die Kraft, Härte und Grausamkeit zu beenden; Mitgefühl heilt unsere Herzen, auch wenn es für Schmerz keine Abhilfe gibt; Mitgefühl ist die Wurzel von Vergebung, Geduld und Toleranz. Die Samen für tiefes und grenzenloses Mitgefühl liegen in jedem Herzen.

Shāntideva hat gelehrt: »Ebenso wie ich ohne zu zögern helfen würde, um die Wunde an meinem Bein, das zu meinem Körper gehört, zu versorgen, warum sollte ich nicht meine Hand ausstrecken, um die Wunde eines anderen Menschen als Teil seines Körpers zu versorgen?« Mitgefühl ist uns allen vertraut. In den schmerzhaftesten Momenten unseres Lebens haben wir vielleicht die sanfte und mitfühlende Berührung und Präsenz einer anderen Person gespürt, wenn unser Herz durch ihre Fürsorge getröstet wurde. Spontane Momente von Mitgefühl gehören zu unserer Gefühlslandschaft – Momente, in denen wir unserem Gegenüber in Fürsorge und Unterstützung unsere helfende Hand reichen. Diese Momente können fragil erscheinen; sie sind plötzlich da, um sogleich wieder in der Selbstbeschäftigung und Geschäftigkeit zu versinken. Auch wenn wir die unvermittelten Momente von Mitgefühl, die wir alle erfahren, zu schätzen wissen, so werden sie im Trubel unseres Lebens schnell wieder vergessen. Der Pfad des Erwachens lehrt uns, diese Momente nicht dem Zufall zu überlassen oder sie als willkommene, aber unbeabsichtigte Begegnungen zu betrachten. Ein authentischer Pfad des Erwachens schätzt das Wohlbefinden und die Sicherheit aller Wesen und versucht, diese Absicht in Gedanken, Worten und Taten zu verkörpern.

Momente von spontanem Mitgefühl – ob wir sie geben oder bekommen – hinterlassen einen tiefen Eindruck in unserem Herzen. Sie erlauben uns einen Blick in eine Welt, die nicht von »ich«

und »du« oder »selbst« und »anderen« definiert ist, sondern in der alle Lebewesen wohlbehalten, umsorgt und frei von Leid sein mögen. Der Buddha spricht von der Möglichkeit eines grenzenlosen Mitgefühls, das sich der Beendigung allen Leidens widmet, und er spricht von Mitgefühl ebenso als einem Pfad der Kultivierung. Es ist das vorrangige Bestreben eines spirituellen Lebens. Der Pfad von Verständnis und Befreiung, der nicht nur von Buddha, sondern von allen großen spirituellen Lehrern gelehrt wurde, handelt nicht von persönlichem Fortschritt oder Gewinn, sondern davon, wie wir uns mitfühlend verhalten können. Zu Beginn dieses Wegs der Erforschung und Kultivierung mag noch kein grenzenloses Mitgefühl da sein, wohl aber die Samen des Mitgefühls in unserem Herz, die danach verlangen, gegossen, gepflegt und zur Reife gebracht zu werden.

Mitgefühl ist weder ein Zustand noch eine Emotion, sondern ein tiefes Verstehen. Es ist ein Verständnis, das damit verbunden ist, wie wir im Leben und mit dem Herzen lernen und wie wir unsere Beziehung zu Schmerz und Leid gestalten. Das ist die zentrale und befreiende Einsicht, um die es geht, wenn wir Mitgefühl kultivieren. Es ist eine Einladung, über die Grenzen unserer eigenen Geschichte hinauszugehen, die von persönlichen Beschäftigungen, Ängsten und Sorgen gekennzeichnet ist, und unsere eigene Geschichte in jeder Geschichte und in jedem Leben zu sehen. Das bedeutet nicht, unsere ganz persönlichen und realen Sorgen, Ängste und unsere Trauer abzulehnen, zu mindern oder zu missachten. Es gibt viele Momente von Schmerz und Verletzung in unserem Leben, und jeder dieser Momente verdient alle Freundlichkeit und all das Mitgefühl, das wir aufbringen können. Jedoch gelingt es leichter, diesen Schmerz zu umsorgen und zu heilen, wenn er nicht durch Abtrennung und Ablehnung verschlimmert wird. Schmerz ist Schmerz, Leiden ist Leiden, Mühe ist Mühe – es ist mein und es ist unser. Mitgefühl ist für unser Wohlergehen und unsere Freiheit ebenso essenziell wie die Nahrung für unsere Körper.

In seinen frühen Lehrjahren fasste der Buddha seine Lehre zusammen, indem er sagte: »Ich lehre bloß eine Sache. Es gibt *dukkha* und es gibt das Ende von *dukkha*.« Der gesamte Pfad des Erwachens ist dem gewidmet, *dukkha* zu beenden. Dukkha kommt aus dem Pali und ist ein zusammengesetztes Wort, das wir verstehen sollten, wenn wir Mitgefühl verstehen wollen. Es hat mehrere Dimensionen und spricht das Herz der menschlichen Rastlosigkeit, Unzufriedenheit und Not an. Der erste Aspekt verweist auf das, was als »der Schmerz des Schmerzes« bekannt ist. Ein gebrochenes Bein schmerzt; Trauer schmerzt; das Alter eröffnet uns eine Welt schmerzhafter Gebrechlichkeit; Krankheit ist nicht bloß eine Einbildung. Wir werden alle sterben. Es ist niemandes Schuld – in einem Körper zu leben ist wie ein offenes Eingangstor zu all den Schmerzen, die einen Körper belasten können. Der Schmerz des Schmerzes reicht von den kleineren Unannehmlichkeiten unserer körperlichen Erfahrungen, die wir täglich erleben, bis hin zu chronischen Krankheiten und Schmerzen, die als unerträglich empfunden werden. Das Leben erteilt uns fortwährend Lektionen von Verlust und fordert uns auf, inmitten dieser Verluste inneres Gleichgewicht und Gnade zu finden. Jugendlichkeit, Lebendigkeit, psychologische Scharfsinnigkeit, Energie und körperliche Fähigkeiten nehmen allesamt ab. Wir können ihren Verlust mit Anmut und Weisheit betrauern, aber ohne die Verzweiflung oder den Glauben, dass wir alleine von Schmerz verschont bleiben sollten. Mit unserer Bereitschaft, uns der schwierigen Wirklichkeit von Alter, Krankheit und Tod zuzuwenden, beginnt ein Leben, das von Mitgefühl statt von Ablehnung oder Angst geleitet ist.

Die zweite Dimension von *dukkha* verweist auf die unumgängliche Unbeständigkeit einer Welt, die aus Gegebenheiten und Prozessen besteht, die wir nicht kontrollieren können. Aus einem sonnigen Tag wird ein verregneter Tag und auf Regen folgt Sonnenschein. Alles, worauf wir uns verlassen, was Sicherheit und Gewissheit betrifft, kann verloren gehen. Menschen betreten und verlassen unser Leben. Eine heitere Stimmung wandelt sich in eine traurige. Gewinn und Verlust, Lob und Tadel, Glück und Unglück, sie kommen und gehen. Die Welt wird für uns nicht stillstehen. Manchmal heißen wir Veränderung willkommen, manchmal betrübt sie uns und wir leisten Widerstand. Die Fäden der Vergänglichkeit sind in jeden Aspekt des Lebens eingeflochten – in unseren Körper, unseren Geist, unsere Emotionen, unsere Besitztümer, unseren Status, unsere Meinungen, in das Leben jener, die wir lieben, und das Leben jener, mit denen wir uns schwertun. Alles, was wir sehen, fühlen, berühren und erfahren, verändert sich, ebenso wie das Leben jener, die wir lieben, und jener, die wir verachten. Dies ist weder positiv noch negativ, weder gut noch schlecht – es ist einfach so.

Jeder Moment, den wir erfahren, ist eine Matrix für Prozesse und Zustände. Gewisse Gegebenheiten kommen zusammen und wir sind gesund, andere verknüpfen sich und wir sind krank. Diese Verbindung von Gegebenheiten und Prozessen gestaltet Hungersnöte und Reichtum, Mangel und Überfluss. Wir sind Kinder all der Gegebenheiten, die vor uns waren: unserer Eltern, unserer Umgebung, unserer Kultur – alle kommen zusammen, um uns und unser Leben in diesem Moment zu gestalten. All diese Bedingungen – das, was wir haben, der Grund und Boden, auf dem wir stehen – verändern sich ständig und wir können sie nicht festhalten. Das ist eine einfache Tatsache ohne Ausnahme. Wir mögen die achtsamste und einsichtsvollste Person der Welt sein, unser Leben wird dennoch von Veränderung und Unbeständigkeit geprägt sein. Das können wir weder wählen, noch ist es emotional neutral. Oft ist es traurig. Es ist allerdings an sich auch nicht leidvoll.

Diese ersten beiden Dimensionen von *dukkha* zu verstehen, ist für den Pfad von Mitgefühl von zentraler Bedeutung. Verlust, Unbeständigkeit, Alter, Schmerz und Tod verdienen Mitgefühl; die brutale Wirklichkeit des sich wandelnden und unsicheren Lebens wird durch Mitgefühl gemildert. Die unvermeidlichen und unausweichlichen Veränderungen, die unsere Leben berühren und beeinflussen, wollen sowohl mit Verständnis als auch mit Mitgefühl behandelt werden. Zu oft werden sie als Problem oder Versagen betrachtet, oder als Trigger für impulsives Reagieren. In vielen frühen spirituellen Traditionen suchten Menschen nach Wegen, dieses Leben und das Leid durch Selbstkasteiung und Verleugnung zu überwinden. Unsere moderne Form von Verleugnung zeigt sich als Selbstverurteilung, Taubheit und Vermeidung. Ein aufrichtiger Pfad des Erwachens erfordert Überwindung, nicht des Lebens, sondern Überwindung des Kampfs und des seelischen Schmerzes durch Verständnis.

Es ist die dritte Dimension von *dukkha*, mit der sich der Pfad des Erwachens und des Mitgefühls durch Verständnis und Fürsorge hauptsächlich beschäftigt. Es ist unsere Art, zu reagieren, die aus Verwirrung heraus geschieht und zu einer ewigen Auseinandersetzung mit den ersten beiden Dimensionen von *dukkha* führt. Das Gleichnis der zwei Pfeile beschreibt diese Dimension von *dukkha* eindrucksvoll. Stellen Sie sich eine Person vor, die von einem Pfeil getroffen wurde. Das schmerzt, und dieser Schmerz ist der gleiche für das erwachteste Wesen und für die am wenigsten achtsame Person dieser Welt. Wie wir dieser Verwundung nun begegnen, darin liegt der entscheidende Unterschied, ob wir nur leiden oder ob wir wissen, wie wir das Leiden beenden können. Wenn wir dieser ursprünglichen Verletzung mit Verwirrung begegnen, unser Schicksal beklagen, einen Schuldigen suchen und uns weigern, den Pfeil zu entfernen, bis wir wissen, wer ihn warum abgeschossen hat, dann baut sich in diesem Moment eine Welt von seelischem Schmerz und Leid auf. Es ist, als wären wir von zwei Pfeilen getroffen worden – der erste ist die ursprüngliche Verletzung, der zweite die Verletzung in Form von Verzweiflung, seelischem Schmerz und Ablehnung, die aus unserer Reaktion auf den Schmerz des ersten Pfeiles entstand. Wir formen und gestalten die Welt in jedem Augenblick mit unserer Reaktion aus Abneigung, Angst, Scham und Verachtung. Unser Geist, unser Herz und unsere Beziehung zum Leben werden von solchen gewohnten und wiederkehrenden Reaktionen gestaltet. Dieser zweite Pfeil ist die Quelle des größten Leidens, und dieses kann verstanden und beendet werden.

Schmerz tut weh, und wir können ihm auch mit Zärtlichkeit, Achtsamkeit und Mitgefühl begegnen. Veränderung und Unbeständigkeit beunruhigen uns und können uns zutiefst belasten. Auch ihnen können wir mit einem tiefen Verständnis der unbestreitbaren Rhythmen des Lebens begegnen. Das Leben kann beschwerlich und herausfordernd sein, aber weniges quält uns so sehr, wie das Gefühl, in den Reaktionen und Ängsten, die unser Herz beherrschen, gefangen zu sein. Zu lernen, unseren instinktiven und beunruhigenden emotionalen Reaktionen Mitgefühl entgegenzubringen, ist der Anfang davon, uns selbst aus dem Gefängnis des Leids zu befreien, das wir jeden Moment wieder neu erschaffen, indem wir das Leben nicht so annehmen, wie es ist – veränderlich, manchmal schmerzhaft und immer unbeständig.

Wie wir dem ersten Pfeil begegnen, liegt in unseren Händen und wird entweder von Verständnis oder von Verwirrung geleitet. Plötzlicher Verlust und unwillkommene Veränderung lassen uns zu der erschreckenden Erkenntnis erwachen, wie verletzlich unser Leben ist. Wir können unsere Hoffnungen, unsere Träume, unsere Pläne oder Strategien nicht vor Veränderung und Unbeständigkeit schützen. Diese Erkenntnis kann uns verängstigen oder aufwecken. Vielleicht reagieren wir mit Einsicht und Mitgefühl anstatt gewohnheitsmäßig aus Angst, Abneigung und Hilflosigkeit. Wenn wir aus Gewohnheit reagieren, verschwinden Mitgefühl und kluges Handeln. Mit einem tiefen und umfassenden Verständnis von *dukkha* wird es möglich, unserem Leben mit dem Verhalten und der Resonanz zu begegnen, die die Macht haben, den Moment zu heilen.

Das lang ersehnte Kind von Janet war eine Totgeburt. Sie fand sich in einer Abwärtsspirale von Depression wieder, die ihrem Leben jede Freude nahm. Sie beschuldigte sich selbst, sie beschuldigte ihren Ehemann, sie beschuldigte die Ärzte – sie machte die ganze Welt verantwortlich. Sie lebte ganz in Verlust und Trauer, funktionierte, war aber kaum lebendig. Sie beschrieb den Punkt, einen kurzen Moment, als sie plötzlich erkannte, wie sie selbst durch ihre Schuldzuweisung und Härte das Leiden und die Verzweiflung wieder und wieder neu erschuf. Es war ein Moment, so sagte sie, in dem sie verstand, dass der Schmerz über den Verlust Teil ihres Lebens bleiben würde, allerdings ohne ihr Leben zu beherrschen. Sie beschrieb, wie sie anfing, etwas sanftmütiger mit sich selbst und ihren Mitmenschen zu sein, sich zu erlauben sich am Vogelgezwitscher ein wenig zu erfreuen, in der Lage zu sein, einem Kleinkind mit seiner Mutter zuzulächeln, ohne in das rohe Gefühl ihres eigenen Verlustes zurückkatapultiert zu werden. Sie entdeckte, welche Bedeutung Mitgefühl hatte, um ihr Herz zu heilen, und dass sie die Quelle des Mitgefühls in sich selbst finden konnte.

Ich habe den Eindruck, dass das Leben jedes Menschen durch seine oder ihre Beziehung zu Schmerz und Leid sowie durch die Wahrnehmung seines Selbsts geprägt wird. Wenn wir uns vor Leid und Schmerz fürchten, dann werden wir im Leben unaufhörlich Aktivität suchen, deren Aufgabe es ist, Strategien zu entwickeln, um Schmerz zu vermeiden. Wir werden ständig beschäftigt sein und fixiert darauf, Lösungen für den unmittelbaren Schmerz in unserem Leben zu finden. Wir wollen nicht leiden (was nur menschlich und verständlich ist), doch in der Abwehr des Schmerzes und des Leidens, die in unserem Leben auftauchen, können wir Meister darin werden, uns zu distanzieren und abzuwehren, um auf jeden Fall Schmerz zu vermeiden oder loszuwerden. In unserer Angst vor dem Schmerz können wir die Wege wählen, uns zu betäuben, – durch Drogen, Alkohol oder einfach durch Geschäftigkeit und Ablenkung. Stille empfinden wir als Gefahr unseres Widerstands – wenn wir still sind, dann beginnen wir vielleicht nicht nur, unseren eigenen Schmerz wahrzunehmen, sondern auch den der Welt. Möglicherweise entscheiden wir dafür, unser Herz zu verschließen und nichts von der Hungersnot wissen zu wollen, die das Leben Tausender zerstört, oder von Kriegen, die unschuldige Leben fordern. Wenn unsere Herzen ohne innere Ressourcen sind, empfinden wir Offenheit und Verbundenheit oft als gefährlich. Wir fürchten uns vor unserer Hilflosigkeit und unserem Unvermögen, dem Schmerz zu begegnen, ohne davon überwältigt zu werden. Verzweiflung ist die häufigste Reaktion auf die ungeheuren Wunden, die Schmerz im Leben von uns Menschen hinterlässt.

Keiner dieser Wege, Leid zu vermeiden, verdient es, verurteilt oder getadelt zu werden. Jeder ist Ausdruck von Leid und Verwirrung und verdient unsere Fürsorge und unser Mitgefühl. Im Lichte der Achtsamkeit beginnen wir zu verstehen, dass diese vertrauten Mechanismen Schmerz einfach nicht beenden, sondern das Leid verschlimmern. Mit nach innen gerichteter Achtsamkeit werden uns die zahlreichen zweiten Pfeile in unserem Geist überaus gewahr, und wir lernen, dass wir uns in ihnen nicht verlieren müssen. Sie mögen zwar Gewohnheiten von Reaktion und Angst mit einer langen Geschichte sein, doch Mitgefühl beginnt bereits mit unserer Bereitschaft, diesen Gewohnheiten zu begegnen, sie zu verwandeln, und in der Gegenwart neue Wege, empfänglich zu werden, zu erlernen. Wir lernen, dass wir uns zuwenden können, anstatt uns abzuwenden, einzuschließen, statt auszuschließen, zu beachten, anstatt zu ignorieren, und unsere Herzen dem Ruf des eigenen Herzen und dem Rufen der Welt zu öffnen.

Mitgefühl hat einen Ursprung. Mitgefühl schaut zurück auf Achtsamkeit und das Kultivieren grenzenloser Freundlichkeit. Achtsamkeit kehrt das Muster von Abneigung um, es neigt und wendet sich unserer gegenwärtigen augenblicklichen Erfahrung zu und beleuchtet die Welt ohne Präferenz und Urteil. Metta bedeutet, sich allen Momenten, Menschen und Erfahrungen zu öffnen, und sich mit allem, worauf das Licht fällt, anzufreunden. Metta ist ein Prozess, in dem wir uns für die Welt, in der wir leben, mit all ihren Höhen und Tiefen sensibilisieren. Mitgefühl beschäftigt sich mit unserer Resonanz auf den Kummer und Schmerz, der durch Achtsamkeit erhellt und durch Metta zum Freund wird.

In den frühen Belehrungen besteht Mitgefühl aus zwei unabhängigen Elementen. Das erste wird in Pali mit anukhampa beschrieben – es ist tiefe Empathie, das Erzittern und das Erbeben des Herzens angesichts von Leid oder Schmerz, wo immer wir darauf treffen, im Innen oder im Außen. Jemand, der diese Fähigkeit zu Empathie entwickelt hat, wird als jemand beschrieben, der vor Mitgefühl pulsiert, oder jemand, der den Rufen der Welt tatsächlich Gehör zu schenken vermag. Empathie ist der Vorläufer des zweiten Aspekts von Mitgefühl. Das Pali-Wort karuna beschreibt die Dynamik, die an der Resonanzfähigkeit beteiligt ist – die Umsetzung von Empathie und Verständnis in Gedanken, Worte und Taten. Karuna beschäftigt sich damit, die mutige Anteilnahme an den kleineren und größeren Formen von Schmerz und Leid, die uns unweigerlich begegnen, auch zu verkörpern. Es ist eine Verpflichtung, Leiden zu heilen, wenn es geheilt werden kann, die Ursachen von Leiden zu beseitigen, wenn sie beseitigt werden können, und auch angesichts von nie endendem Schmerz und Kummer präsent zu bleiben.

Empathie

Der Arzt Richard Selzer erzählt folgende Geschichte einer Patientin:

> Ich stehe am Bett einer jungen Frau. Ihr Gesicht ist nach der Operation verdreht, ihr Mund auf der einen Seite gelähmt. Ein kleiner Zweig ihres Gesichtsnervs, der zu den Muskeln ihres Mundes führt, wurde durchtrennt. So wird sie von nun an aussehen. Als Chirurg bin ich der Kurve ihres Fleisches mit religiösem Eifer gefolgt, so viel kann ich Ihnen versprechen. Dennoch musste ich den kleinen Nerv abschneiden, um den Tumor in ihrer Wange zu entfernen.
>
> Ihr junger Ehemann ist im Zimmer anwesend. Er steht auf der anderen Seite des Bettes, und gemeinsam scheinen sie in dem abendlichen Licht der Lampe zu ruhen, getrennt von mir und ganz für sich. »Wer sind sie?«, frage ich mich, »er und dieser schiefe Mund, die sich anstarren und einander so großzügig berühren?«

Die Frau spricht: »Wird mein Mund für immer so bleiben?« fragt sie.

»Ja,« antworte ich. »Weil der Nerv abgetrennt wurde.«

Sie nickt ruhig. Der junge Mann lächelt.

»Es gefällt mir,« sagt er. »Es ist irgendwie süß.«

Auf einmal weiß ich, wer er ist. Ich verstehe und senke meinen Blick.

In einer Begegnung mit Gott ist man nicht verwegen. Unbedacht meiner Gegenwart beugt er sich hinunter, um ihren schiefen Mund zu küssen, und ich bin so nahe, dass ich sehen kann, wie er seine Lippen verdreht, um sich ihren anzupassen, um ihr zu zeigen, dass ihr Kuss noch funktioniert. Ich erinnere mich daran, dass die Götter im antiken Griechenland als Sterbliche erschienen, und ich halte meinen Atem an und lasse das Wunder geschehen.[11]

Empathie beruht auf Verständnis. Indem wir Achtsamkeit und Einsicht kultivieren, lernen wir, dass wir weder von der ungeheuren Größe des Leids noch von scheinbar unerträglichem Schmerz, den wir in einem Moment erleben, überwältigt werden müssen. Wir werden gebeten, Frieden zu schließen mit den unbestreitbaren Gesetzen des Lebens – mit dem Schmerz des Schmerzes und dem Schmerz, der durch den Wandel und die Unbeständigkeit der Dinge in der Welt entsteht. Viele Momente im Leben verlangen, dass wir unsere Argumente mit dem, was unbestreitbar ist, loslassen. Eine junge Frau, bei der eine chronische Erkrankung diagnostiziert wurde, sprach von dem Moment, in dem sie die Spannung und den Widerstand ablegen konnte, und sagte: »Die Heilung durfte in dem Moment beginnen, in dem ich aufhören konnte, zu sagen, ›Warum ist mir das zugestoßen?‹ und stattdessen sagte, ›Warum würde mir das nicht zustoßen?‹«

Empathie beruht ebenso auf dem Fundament innerer Stille. Wir lernen, dass wir einen Geist und ein Herz kultivieren können, die nicht von Erregung und automatischer Reaktion ergriffen werden. Wir lernen, den Aufruhr unserer Gedanken zu beruhigen und inneren Frieden zu kultivieren. Wir lernen, von den zwanghaften Impulsen zurückzutreten, die Schmerz reparieren und Lösungen suchen, damit das Leid verschwindet. Empathie beschränkt den Drang, der aus unterschwelliger Abneigung entsteht. Wir hören auf, Gewissheiten zu suchen und auf eine bessere Zukunft zu hoffen. Mit Achtsamkeit lernen wir, was es bedeutet, in der Anwesenheit aller Dinge präsent zu sein. In der Stille entdecken wir Empfänglichkeit, die Fähigkeit, dem Geflüster und den Rufen von Schmerz und Kummer aus ganzem Herzen zuzuhören. Das Kultivieren von innerer Stille ist eine Reise, bei der wir lernen, Körper und Geist zu beruhigen und uns zu Hause zu fühlen in einer ruhigen Empfänglichkeit, die wir allen Momenten unseres Lebens entgegenbringen. In der Stille entdecken wir also die Fähigkeit, uns Schmerz und Kummer zuzuwenden und unsere Herzen erzittern zu lassen.

Empathie ist fürsorglich. Wir blicken in die Augen eines Obdachlosen und schauen hinter die Erscheinung und die Geschichte auf den Schmerz, verloren und verlassen zu sein. Ein junger Mann, der auf der Straße lebte, sagte: »Das Schlimmste daran, obdachlos zu sein, ist nicht die Entbehrung. Es ist die Tatsache, dass dir niemand in die Augen schauen möchte.« Wir hören die Nachrichten, und dabei erahnen wir die Statistiken von Tod und Grausamkeit, die erschütternde Realität des Leids, das sich Menschen gegenseitig zufügen können. Wir lernen nach innen zu lauschen, zu unseren eigenen Gedanken von Härte, dem Schmerz in unserem Körper, dem Kummer über unsere Verluste, und wir erlauben unseren Herzen zu erbeben, indem wir Schmerz als Schmerz und Leid als Leid annehmen. Empathie befasst sich nicht mit der Geschichte des Schmerzes, seiner Vergangenheit oder seiner Zukunft. Empathie sucht weder Erklärungen noch beurteilt sie den von uns gesehenen, erfahrenen oder gefühlten Schmerz. Empathie ist einfach das Kultivieren eines Herzens, das angesichts allen Leidens erzittern kann.

Empathie wird durch Gelassenheit verstärkt, manchmal definiert als die Bereitschaft allen Dingen gleichermaßen nahe zu sein. Indem wir lernen, die Schichten von Schuld, Scham und Zorn vom Leid abzutragen, lernen wir, wie ein Weidenbaum zu sein, der sich unter den starken Wind des Lebens biegen kann, ohne dabei zu zerbrechen. Wir lernen, uns dem Schmerz eher zuzuwenden, anstatt uns abzuwenden, und dabei entdecken wir ein inneres Gleichgewicht, das stärker ist als die Winde eines unkontrollierbaren und unfassbaren Lebens. Gelassenheit rettet Mitgefühl vor Mitleid, beschützt das sensibilisierte Herz und weiß mit Gleichmut inmitten aller Dinge zu sein. Da zu sein, wo wir uns bereits befinden. Reb Anderson, ein vielgeschätzter amerikanischer Zen-Meister, hat geschrieben: »Buddhas leben nicht in den Vororten von Leiden, sie leben in der Innenstadt.« Inmitten von Wandel, Unsicherheit und der nicht fassbaren Beschaffenheit unseres Lebens lernen wir, was es bedeutet, mit einem Herzen zu verweilen, das nicht gebrochen werden kann.

Empathie ist großzügig. Wir sind großzügig mit unserer Zeit und vor allem mit unserer Aufmerksamkeit. Wir lernen, was es bedeutet, in krisenhaften Momenten innezuhalten, anstatt uns in Geschäftigkeit zu verlieren, und wir lernen, Aufmerksamkeit zu schenken, anstatt uns abzulenken. Wenn jemand, der uns nahesteht, leidet und dringend unsere Aufmerksamkeit und Fürsorge benötigt, dann lernen wir rasch, unser Leben zu vereinfachen und auf das zu konzentrieren, was gebraucht wird. Manchmal ist alles, was wir anbieten können, unsere vollkommene und zärtliche Fürsorge und Aufmerksamkeit. Dies ist eine Gabe, die oft bedeutender und heilsamer ist als alle Lösungen und Rezepte der Welt. Empathie, so lernen wir, muss nicht erst durch Krisen veranlasst werden, sondern kann auch entstehen, wenn wir ein tieferes Gewahrsein des seelischen Schmerzes in der Welt und seinem Ruf nach Heilung entwickeln. Wir lernen, von ganzem Herzen zu sehen und zu hören, und in unserem Gewahrsein und unserem Herzen Raum zu schaffen für die vielen Menschen, die in unsere Leben treten. Aus unserer eigenen Erfahrung kennen wir den Unterschied, wenn wir von jemandem mit ganzem Herzen gesehen und gehört werden oder nur eine flüchtige Aufmerksamkeit erhalten. Wir verpflichten uns, diese Aufmerksamkeit aus ganzem Herzen allen zu schenken, die in unsere Leben treten. Empathie heißt, großzügig zu vergeben, anstatt zu beschuldigen, sich zu kümmern, anstatt zu verurteilen, und innezuhalten, anstatt einfach zu reagieren.

Wir beginnen, mit uns selbst großzügig zu werden. Es gibt einen alten griechischen Glauben, dass nur die, die ihr Leiden nicht verdient haben, des Mitgefühls würdig sind. Heute zeigt sich dieser Glaubenssatz als Berg von Selbstvorwürfen, mit denen wir uns und dem erfahrenen Leid selbst begegnen. Um das Leid, das uns zugestoßen ist, zu erklären, erzählen wir uns selbst Geschichten von alldem, was wir falsch gemacht haben, von den Fehlern, die wir begangen haben, von unseren grundsätzlichen Unzulänglichkeiten. Möglicherweise sind wir in der Lage, anderen gegenüber großzügig zu sein und ihnen zu vergeben. Dennoch gönnen wir den Kämpfen, Sorgen und Durcheinander, die wir selbst erfahren, nicht die gleiche Großzügigkeit. Wir sind schnell dabei, zu den schwierigen Emotionen und Gedanken, die wir ohnehin erfahren, den zweiten Pfeil von Scham, Selbstkritik und Schuld hinzuzufügen. Doch wir lernen auch, dass wir die Wahl haben, dass Scham und Schuld auch Leiden sind, die unser Mitgefühl verdienen, wie eine Wunde in unserem Körper. Wir nehmen die Möglichkeit wahr, Empathie zu entwickeln und nach innen zu lauschen, dem Ruf unseres Herzens, dessen Leid durch Großzügigkeit, Mitgefühl und Fürsorge spürbar erleichtert wird.

Im weiten Feld des Mitgefühls geht Empathie Hand in Hand mit Stille, Gelassenheit, Achtsamkeit und Einsicht. Mitgefühl ist wie eine große Familie, und eine wichtige und notwendige Figur in dieser Familie ist die Geduld. Geduld beginnt, wenn wir den Wunsch nach einer anderen, besseren Vergangenheit und die Hoffnung auf eine bessere, ideale Zukunft aufgeben. Es ist ein Weg, der Gegenwart zu begegnen, dem gegenwärtigen Moment mit all seinen Möglichkeiten und Herausforderungen. Es ist Geduld, die uns erlaubt, mit den Schwierigkeiten des Augenblicks in Dialog und Beziehung zu treten, und es ist Geduld, die uns davor zurückhält, in einer imaginären Welt zu leben, die aus Angst und Ablehnung entsteht, oder einer Zukunft, in der das Leben dann beginnt, wenn Schmerz und Kummer vergangen sein werden. Geduld ist weder Verzweiflung noch Hoffnungslosigkeit, sie ist dynamisch, lebendig und unterstützt mitfühlende Resonanz.

Von Milarepa, einem hochverehrten indischen Lehrer (1052–1135 n. Chr.), gibt es folgende Lehrgeschichte. Er lebte in einer Höhle im Hochgebirge. Eines Tages kam er vom Zusammentragen von Brennholz zurück und fand seine Höhle bevölkert von einer Schar wütender Dämonen. Er versuchte alles in seiner Macht Stehende, um sie zu bewegen, die Höhle zu verlassen. Er argumentierte mit ihnen, brachte ihnen Gebete dar, bedrohte sie, versuchte sie zu ignorieren, und einer nach dem anderen verschwand, bis nur noch der Wütendste übrig blieb. Nachdem er alle Mittel erschöpft hatte, um sich von dem unwillkommenen Besucher zu befreien, wandte sich Milarepa dem Dämon zu und sagte: »Bitte bleibe eine Weile! Bringe deine Freunde und fühle dich wie zu Hause.« Er näherte sich dem Dämon und legte in einem Akt der Ergebung seinen Kopf in das Maul des Dämons, worauf dieser, angesichts Milarepas widerstandsloser Tat, flüchtete.

Das ist ein Happy End, das nicht alle Geschichten und Erfahrungen mit Schmerz haben. Nicht immer verlassen uns die Dämonen, oft lassen sie sich in unserem Leben und Herzen nieder. Geduld und Mitgefühl fordern uns auf, ein mögliches anderes Ende in Betracht zu ziehen. Chronische Krankheit und Schmerz verschwinden nicht angesichts von Mitgefühl in magischer Weise. Schwierige Emotionen und Gedankenmuster können so nachhaltig wiederkehren, dass es sich anfühlt, als ob sie tatsächlich in das Gewebe unseres Seins verflochten wären, und wir kämpfen in jedem Moment ihres Entstehens. Wir haben vielleicht Menschen in unserem Leben, die in ihren Reaktionen widerspenstig sind und so sich selbst und uns immer wieder Schwierigkeiten schaffen. Gier und Hass scheinen in dieser Welt vorzuherrschen. Leid, Entfremdung und Schmerz scheinen bodenlos. Wir können nichts tun, um all dies verschwinden zu lassen. Wir können nicht ändern, wie sich Herz und Geist eines anderen Menschen entwickelt. Wir können einen anderen Menschen nicht glücklich und gesund machen. Und wir können nicht einmal diejenigen, für die wir am meisten Zuneigung empfinden, zu zufriedenen und friedlichen Wesen machen. Aber wir können lernen, dem Moment zu begegnen, so wie er ist. Wir können lernen, mit allen Dingen geduldig zu sein. Wir haben zwar keine Kontrolle über die Bedingungen, aber wir sind nicht hilflos. Geduld ist die Bereitschaft und die Fähigkeit, mit allen Dingen, Ereignissen und Menschen zu sein, ohne auf ein bestimmtes Ende oder einen Ausgang fixiert zu sein. Wir können für unsere Art und Weise, dem Leben und dem Leiden zu begegnen, das Sorgerecht übernehmen. Geduld ist die Ruhe und Stille, sich bei dem, was gegenwärtig präsent ist, niederzulassen, und Fürsorge, Zartheit und Anteilnahme in unser Leben zu bringen.

Verkörperung

Zum Mitgefühl gehörten Empathie und Verkörperung. Empathie lehrt uns, Leid und die Ursache des Leids anzuhören und zu verstehen. Was wir mit diesem Verständnis tun, zeigt sich in der Verkörperung. Verkörperung verlangt Mut. Ein Leben mit Mitgefühl ist ein furchtloses Leben. Es ist Mut, der Mitgefühl davor bewahrt, bloß ein Gefühl zu sein, das sich auf die Hilflosen und Unschuldigen bezieht. Mitgefühl zum Leitprinzip unserer Gedanken, Worte und Taten zu machen, verlangt großen Mut. Mut ist notwendig, da Achtsamkeit uns die Tiefe des scheinbar niemals endenden Leids in der Welt bewusst macht. Außerordentlicher Mut ist notwendig, um sich vor dem Leid nicht zu verschließen, das unerträglich erscheint. Es ist Mut, der es uns ermöglicht, dem Schmerz, ohne zu schwanken, in die Augen zu blicken. Mitgefühl in seinem tiefsten Sinne ist grenzenlos. Es umarmt die schwierigsten Menschen in unserem Leben und die brutalsten Menschen auf dieser Welt. Mitgefühl beschäftigt sich damit, Leid zu begegnen und die Ursachen von Leid zu entwurzeln: die Gier, den Hass und die Verblendung, die Narben im Leben und Herzen allzu vieler Menschen auf dieser Welt hinterlassen.

Martin Luther King dachte über den Tod und die Modalitäten seiner Beerdigung nach und bat darum, dass, wer auch immer die Grabrede halten würde, nicht zu lange sprechen sollte. Er sagte: »Sagt ihnen, sie mögen nicht erwähnen, dass ich einen Friedensnobelpreis oder drei- oder vierhundert andere Auszeichnungen erhalten habe. Ich wünschte mir, jemand würde an dem Tag erwähnen, dass Martin Luther King sein Leben dem Dienst anderer gewidmet hat. Ich wünschte, jemand würde an dem Tag sagen, dass Martin Luther King versucht hat, jemanden zu lieben. Sagt, dass ich ein Tambourmajor für Gerechtigkeit war, für Frieden und für Rechtschaffenheit. All die anderen Dinge werden keine Bedeutung haben. Ich möchte bloß ein Leben zurücklassen, das eine Verpflichtung hatte.« Wir erinnern uns an den jungen Mann, der sich am Tiananmen-Platz einem Panzer entgegenstellte, die indischen Bauern, die gegen die Salzsteuer protestierten und unbewaffnet in die Truppen bewaffneter britischer Soldaten marschierten, die jungen Krankenschwestern, die in den Ebola-Kliniken dienten, die Nonnen in Kalkutta, die im Morgengrauen die verlassenen Kinder einsammelten. Unsere Herzen sind berührt von dem Wunder des Heldentums, das diese Menschen verkörpern, die die Welt durch ihre Hingabe verändert haben. Sie handelten mit der Bereitschaft, sich mit Leid und den Ursachen von Leid zu befassen. Sie wurden nicht als Helden oder Heilige geboren, sondern haben sich selbst mutig dazu verpflichtet, das Unakzeptable nicht zu akzeptieren.

Der Mut von Mitgefühl gehört nicht nur den Heiligen. Ein älterer Mann nimmt die Pflege seiner viel geliebten Frau auf sich, die im Dämmerungszustand der Alzheimer-Krankheit verloren ist. Eltern lieben und erziehen ihr behindertes Kind. Der junge Mann im Bus konfrontiert den Fahrgast, der rassistische und übergriffige Beleidigungen von sich gibt. Mitgefühl erkennt, wie Gedanken, Worte und Taten, die durch Feindseligkeit, Angst und Verwirrung gespeist sind, immer wieder unsägliches Leid hervorbringen, und es wendet sich nicht ab. Tatsächlich könnten wir uns angesichts der Grausamkeit und Härte ängstlich fühlen, aber wir wissen, dass es etwas Wichtigeres gibt als unsere Angst.

Ein Mönch, der jahrelang eingesperrt war und misshandelt wurde, erzählte dem Dalai Lama die Geschichte dieser schmerzhaften Jahre. Der Dalai Lama fragte ihn: »War da jemals ein Moment, in dem du dachtest, dein Leben sei in Gefahr?« Er antwortete: »Die gefährlichsten Momente waren jene, in denen ich das Gefühl hatte, das Mitgefühl für meine Gefängniswärter zu verlieren.«

Der Mut von Mitgefühl ist nicht immer dramatisch oder heroisch, sondern zeigt sich in vielen kleinen Momenten und auf vielfältige Art. Wir sind in einer Situation, in der kollektive Feindseligkeit in Heuchelei zum Ausdruck kommt. Es braucht Mut, um das Risiko der Unbeliebtheit anzunehmen und die Situation infrage zu stellen. Wir helfen einem Nachbarn, der es gerade schwer hat, sprechen ein weinendes Kind an und unterhalten uns mit der Person, die auf der Straße bettelt. Mut wird im Feuer einer Herausforderung geschmiedet, und auf die Ursachen von Leiden hinzuweisen, mag einem Unbeliebtheit, Beurteilungen und Schuldzuweisungen bringen, die schwer zu ertragen sind. Es ist allerding noch schwieriger, das Echo der Enttäuschung in unserem Herzen zu ertragen, wenn wir uns von einem Leben abwenden, in dem das Wohlbefinden und das Ende des Leidens von unserer Bereitschaft, uns zuzuwenden, abhängt.

Mitgefühl ist immer dem Leben verpflichtet, nicht unserer Besinnung, die auf dem Meditationskissen stattfindet. In jedem Moment unseres Lebens üben und verkörpern wir etwas in Gedanken, Worten und Taten. Es braucht Mut, sich dessen gewahr zu werden, was da verkörpert wird – Angst oder Mut, Feindseligkeit oder Metta, Großzügigkeit oder Zurückhaltung, Geduld oder Frustration. Die Frage, ob unser Leben in Mitgefühl oder Trennung wurzelt, ist eine Frage des gegenwärtigen Augenblicks, und oft eine unangenehme. Wir können dabei die Unstimmigkeiten immer genauer wahrnehmen – die Lücke zwischen unseren tiefsten Werten, Wünschen und Absichten und dem Eindruck, den wir mit unseren Gedanken, Worten und Taten in dieser Welt hinterlassen. Diese können Konsequenzen haben, die wir überhaupt nicht absehen können. Mitgefühl fordert uns auf, uns von Augenblicken der Unstimmigkeit nicht entmutigen zu lassen, denn in genau diesen Momenten sind wir eingeladen, uns erneut an unsere Absicht zu erinnern, und sie darin auszudrücken, wie wir mit dem Leben umgehen. Mut verlangt Ausdauer und die Bereitschaft, unser Leben Augenblick für Augenblick neu auszurichten – mit einem Herzen voller Mitgefühl. Wir kultivieren und erneuern diese Verpflichtung, Leid zu lindern und seine Ursachen zu beseitigen, sowohl innerlich als auch äußerlich.

Eine der wichtigsten und transformierenden Einsichten, wenn wir Mitgefühl im Kern verstehen wollen, ist die von der Substanzlosigkeit der Begriffe »Selbst« und »Andere«. Ohne dieses Verständnis kann Mitgefühl schwanken und sich bloß auf diejenigen beschränken, von denen wir glauben, dass sie es verdienen. Dabei würden die vielen Wesen dieser Welt ausgeschlossen, die unserer Auffassung nach des Mitgefühls nicht würdig seien. In der Ideologie eines festen, unabhängigen Selbst leben wir in einer Welt, in der wir getrennt sind von dem, der oder den »anderen«. Diese Trennung ist der Nährboden für Angst, Misstrauen, Abneigung und Entfremdung. Die Verpflichtung, die Ursachen von Leid zu beseitigen, richtet sich auf diese zentrale Ursache von Trennung, Kummer und Konflikt. Experimentieren Sie damit und nehmen Sie sich einige Momente Zeit, still zu sitzen und darüber zu reflektieren, wie Sie sich selbst kennen und wer Sie glauben zu sein. Möglicherweise erhalten Sie eine Idee davon, dass unser Wissen über uns selbst in jedem Augenblick davon geprägt ist, womit wir uns in diesem Moment identifizieren und an was wir festhalten. Wir können uns mit unserem Körper, unseren Gedanken, unseren Emotionen und unseren Meinungen identifizieren, und daraus entsteht die Erzählung des »Selbst«. Dieses Erfahrungsmosaik wird mit unserem Namen gekrönt. Das ist, wer wir glauben zu sein. Identifikation erzeugt ein Gefühl von Besitz – das ist, was ich bin, das gehört mir – und durch Identifikation versuchen wir, ein festes Zentrum in einer Welt zu schaffen, in der nichts fest ist.

Einige unserer »Selbst«-Erzählungen entstehen im Moment und sind flüchtig: Ich bin glücklich, ich bin traurig, ich bin hoffnungsvoll, ich bin deprimiert, ich bin wütend, ich bin friedlich. Wir sehen diese sich wandelnden Gesichter des »Selbst« Tausende Male an einem Tag, und dennoch werden wir getäuscht. Identifikation bringt einen Zustand von Gedächtnisschwund hervor. Wir vergessen einfach, dass dies das »Selbst« dieses Augenblicks ist, völlig anders als das »Selbst« von vor einer Stunde oder von gestern. Wir werden in die Irre geführt und denken, dass dies mein ewiges »Selbst« ist, wer ich bin und wer ich immer sein werde. Identifikation greift etwas Besonderes auf und verkennt es als das Ganze, wie wenn man den Halbmond sieht und denkt, dies sei der Vollmond. Identifikation ist Leiden. Sie entfremdet und trennt, und es mangelt ihr allzu oft an Freundlichkeit und Mitgefühl. Wir wollen nicht die Person sein, die durch Unvollkommenheit definiert ist, wir wollen zu den Personen gehören, die frei von Schwierigkeiten und Schmerzen sind. So wird das Leben zu einer Geschichte von Vermeidung und Haben-wollen.

Manchmal hat unsere »Selbst«-Erzählung einen historischen Charakter und wird durch wiederholtes Nacherzählen immer glaubwürdiger. Vor Kurzem war ich in einem Geschäft, wo ich kurz nach einer jungen Frau, die aus der anderen Richtung kam, an die Kasse gelangte. Sie wich zurück, und ich lud sie ein, vor mich zu treten. Sie blickte mich erstaunt an und sagte: »Das ist erstaunlich.« Als ich sie fragte, was erstaunlich war, antwortete sie, »Ich bin jemand, den andere immer ignorieren und sich vordrängen.« Das ist eine einflussreiche »Selbst«-Erzählung, die von Glauben und Identifizierung bekräftigt wird. Es ist eine Erzählung, die Einfluss darauf hat, wie wir das Leben erfahren und was wir für möglich oder nicht-möglich halten. Sie hat ein Potenzial für Leid, Ausgrenzung und Verzweiflung.

Unsere »Selbst«-Erzählung kann uns auch von jemand anderem erzählt worden sein. Wir sind empfänglich, welche Botschaften wir von den Menschen in unserem Leben erhalten. Unsere eigene Geschichte wird durch unsere frühen Beziehungen geprägt und gestaltet, ebenso von den Gedanken und Reaktionen die wir von anderen, bereitwillig oder widerwillig, empfangen haben. Wenn uns oft genug erzählt wurde, dass wir wertlos, unliebenswürdig, inkompetent oder unzulänglich sind, und wir nicht ausreichend innere Ressourcen haben, um den Wahrheitsgehalt dieser Geschichte zu hinterfragen, ist es wahrscheinlich, dass sie verinnerlicht wird und eine Wahrheit wird, nach der wir leben. Wenn wir innerlich der Geschichte des »Selbst« lauschen, die von Moment zu Moment entsteht, beginnen wir wahrzunehmen, dass nicht wir es sind, der oder die die Geschichte erzählt, sondern dass uns die Geschichte sagt, wer wir sind.

Mitgefühl kann erblühen, wenn wir die Substanzlosigkeit unserer »Selbst«-Erzählung zu verstehen beginnen, denn sie bringt naturgemäß eine Geschichte des »Anderen« hervor. Wenn wir uns mit dem Selbst identifizieren, nehmen wir das Leben in einer selbstbezogenen Art und Weise wahr und definieren die Welt und andere Menschen nach dem, was sie für uns bedeuten. Mit der Sichtweise eines festen Selbst tendieren wir dazu, allen Dingen unsere Sichtweise aufzuerlegen. Jemand ist gut, weil diese Person meine Sichtweise auf mich selbst befürwortet; einer oder eine andere ist ein Feind, weil diese Person die Sichtweise, die ich mir selbst gegenüber habe, stört. Ich folge allem, was meine Sicht auf mein Selbst stützt, ich meide Menschen, Erfahrungen und Ereignisse, die diese Sicht zu unterminieren drohen. Wir projizieren Qualitäten in Menschen, Dingen und Ereignissen hinein – und meinen, sie könnten uns glücklich oder unglücklich machen. Indem ich mich mit meiner Sichtweise und anderen Menschen und Dingen identifiziere, versuche ich, eine sichere und vorhersehbare Welt zu erschaffen. Doch so, wie das Leben beschaffen ist, sein beständiger Wandel und seine Unsicherheit, fordert das all unsere Sichtweisen permanent heraus.

Ein Freund, der am Rande einer offenen Landschaft lebte, hörte von dem Gerücht, dass hinter seinem Haus ein Gebäude errichtet werden sollte. Entschlossen dazu, seine Privatsphäre zu beschützen, pflanzte er eine Hecke, die kräftig wuchs. Bald war sie so hoch, dass ihm die Aussicht auf die von ihm geliebten Berge vollkommen versperrt war. Er kam zu der erschreckenden Erkenntnis, dass er in seinem Versuch, die Welt auszusperren, sich selbst eingesperrt hatte. Wenn wir unsere Sicht auf uns selbst verteidigen und an der Sicht auf die anderen unentwegt festhalten, dann wird unsere Welt zunehmend kleiner und gelähmt.

Mitgefühl und Verständnis entstehen gemeinsam. Sie nähren und erhalten sich gegenseitig. Auf einem Pfad des Erwachens gibt es kein Bestreben, das Selbst zu vernichten, zu verbessern oder zu verachten. Es gibt die tiefgründige Einladung, unsere Herzen von allen festen Sichtweisen des Selbsts zu befreien. Wenn wir nach innen lauschen, dann erfahren wir, dass nicht nur unser Körper und unser Geist prozesshaft sind, sondern auch unser Selbstempfinden. Es gibt keinen zentralen Aufseher, kein Kommandozentrum, kein unveränderliches Bauwerk. Identifikation und Festhalten bewirken, dass Prozesse zu Zuständen oder Definitionen werden und Verben zu Nomen. Wenn wir von der Tendenz loslassen, an den veränderlichen Prozessen und Ereignissen unseres Körpers, unseres Herzens und unseres Geistes festzuhalten und aufhören, uns mit ihnen zu identifizieren, dann befreien wir uns und werden die fließenden, veränderlichen und empfänglichen menschlichen Wesen. Dies ist unser wahres Potenzial. Die Freiheit von Identifikation und festen Sichtweisen resultiert nicht in Chaos oder Fehlfunktion, sondern in einer gegenwärtigen Stille im Moment und einem Gewahrsein, das die Wurzeln von Mitgefühl bildet.

Wir erkennen, dass das Einzige, was die Dinge fest, konstant und unmöglich sein lässt, unsere eigene Sichtweise ist. Das trifft auf jeden von uns zu. Wir erkennen, dass uns weder der Inhalt unseres Geistes noch unserer Erfahrungen definieren kann, und dass unser Bemühen, an der Selbstdefinition festzuhalten, allzu oft eine Härte beinhaltet, die uns in den Sichtweisen über uns selbst gefangen hält. Anstatt die Geschichte von Begrenzung und Versagen, die in unseren Beurteilungen enthalten ist, immer zu wiederholen, lernen wir zuzuhören und zu hinterfragen. Wir hören die vertraute innere Stimme der Schuld: »Ich bin ein Versager, ich bin aussichtslos, ich bin nicht gut genug.« Wir hören sie nicht als Äußerung einer Tatsache, sondern als Gedanke, und lernen, den Wahrheitsgehalt dieses Gedankens zu hinterfragen. Wir führen die Frage ein: »Bin ich?« Das ist der Ausgangspunkt, um unsere Sichtweise in diesem Moment zu befreien, anstatt in den Abgrund der festen Ansichten zu fallen. Es ist mitfühlendes Handeln für uns selbst.

Eine der schönsten Gesten des Mitgefühls, die wir einem anderen Menschen schenken können, liegt darin, ihn von unserer starren Sichtweise zu befreien, wer er oder sie sein sollte, und ihm oder ihr so zu ermöglichen, der fließende, veränderliche Mensch zu sein, der er oder sie sein kann. William Blake hat geschrieben: »Wenn die Pforten der Wahrnehmung gereinigt wären, dann würde die Welt erscheinen, wie sie ist – unendlich.« Jede Sichtweise erzeugt Endlichkeit und Beschränkung. Mitgefühl ersucht uns, von einem Ort des Wissens, das auf Sichtweisen, Ängsten, Bedürfnissen und Sorgen basiert, an einen Ort des Nichtwissens zu ziehen. Nichtwissen ist kein Zustand der Verwirrung, sondern eine Art und Weise präsent zu sein, in der wir staunen, fragen und lernen können. Wir erlauben uns, von uns selbst, von anderen und vom Leben überrascht zu werden. Die Fähigkeit, uns als Menschen zu vertiefen und zu wachsen, mag wohl von unserer Bereitschaft, überrascht zu werden, abhängen.

Wir beginnen wahrzunehmen, wie wir andere nach ihrer Erscheinung, ihren Taten und Worten beurteilen, und ihnen dadurch eine Definition und Sichtweise auferlegen, die sie auf ewig dazu verurteilt, von unserer Sichtweise bestimmt zu sein. Mitgefühl beruht auf unserer Fähigkeit, unsere Geschichten zu hinterfragen und schauen, was dahinter ist, anstatt an ihnen festzuhalten. Die schwierigste Person, der wir begegnen, lebt mit ihrem eigenen Maß an Angst und seelischem Schmerz. Die brutalsten und destruktivsten Menschen dieser Welt bringen Bedingungen und Prägungen mit, von denen wir nichts wissen. Das bedeutet nicht, dass Brutalität und Grausamkeit gebilligt oder gerechtfertigt wären. Wir sind immer dazu verpflichtet, die Ursachen von Leid zu beenden. Doch grenzenloses Mitgefühl bedeutet, dass niemand ausgeschlossen wird.

> Shmuel Goldman, ein Zweiundneunzigjähriger, schrieb: Ich habe eine Freundin. Eine Frau, die ich viele Jahre kenne. Eines Tages plötzlich war sie böse auf mich. Aus dem Nichts heraus. Sie sagt mir, ich habe sie beleidigt. Wie? Ich weiß es nicht. Ich weiß nicht warum. Weil ich sie nicht kenne.

Sie hat mich überrascht. Das ist gut. So sollte es sein. Man kann niemandem sagen: Ich kenne dich. Menschen springen herum. Sie sind wie ein Ball. Wie Gummi, elastisch. Ein Ball kann nicht lange an einem Platz sein. Er muss springen, wie Gummi. Was also tut man, um eine Person vom Springen abzuhalten? Dasselbe wie mit einem Ball. Man nimmt eine Nadel und sticht hinein, macht ein kleines Loch. Er wird flach. Wenn du jemandem sagst: »Ich kenne dich,« dann stichst du mit einer kleinen Nadel zu.

Was solltest du also tun? Lass sie sein, wie sie sind. Versuch nicht, sie aus Bequemlichkeit anzuhalten. Du wirst sie niemals kennen. Lass die Menschen dich überraschen. Das könntest du ebenso mit dir selbst machen. All dies habe ich in keinem Buch gelesen. Es ist meine eigene Erfindung.

Der Pfad

Mitgefühl ist ein Weg der Kultivierung und hat die Kraft, unser Herz von Gier, Feindseligkeit und Verwirrung zu befreien. Mitgefühl hat auch die Kraft, die Welt in diesem Augenblick von Entfremdung und Angst zu befreien. Wir lernen, unser Herz für Mitgefühl zu öffnen, und wir kultivieren unsere Fähigkeit zu tiefer Empathie sowie unsere Bereitschaft, uns dafür einzusetzen, Leid und seine Ursachen zu beenden. Es ist ein Kultivieren des Augenblicks. Die formellen Übungen des Mitgefühls erinnern uns daran, dass genau dieses Bestreben der Weg zum Erwachen und zur Heilung ist. Als Übung für unser Leben entfalten sie eine tiefe Wirkung und verlangen Mut und Verpflichtung.

Unschuldigkeit

Wenn wir unsere Augen und Herzen öffnen, dann sehen wir so viel Schmerz, Qual und Leiden, das weder selbst- noch fremdverschuldet ist – es ist schuldlos. Ein Kind wird mit einer unheilbaren Krankheit diagnostiziert. Ein Mensch wird durch Krieg aus seiner Heimat vertrieben und sucht als Flüchtling Schutz in einem Land, wo es keine Sicherheit gibt. Ein junger Mann wird auf der Straße überfallen. Unterernährte Kinder mit aufgeblähten Bäuchen starren uns auf dem Fernsehbildschirm an. Eine junge Frau erleidet als Beifahrerin in einem Autounfall Verletzungen, die ihr Leben verändern. Jemand, den wir lieben, sinkt in die Dunkelheit der Demenz.

Mitgefühl fängt hier an: Wir spüren, wie unser Herz erbebt, und wir lernen, präsent zu bleiben, so sehr wir uns auch wünschen würden, diesen Schmerz beiseitezuschieben. Vielleicht gibt es keine unmittelbare Lösung. So sehr wir uns für diesen Menschen wünschen würden, sicher und geborgen zu sein, es liegt nicht in unserer Kraft, darüber zu bestimmen. Was können wir in dem Moment anbieten? Unsere Präsenz aus ganzem Herzen, unsere Bereitschaft, da zu sein, und alles in unserer Macht Stehende zu tun, auch wenn wir wissen, dass dies niemals ausreichen wird. Ein Mann sprach davon, wie er seinen Sohn dabei beobachtete, wie dieser in die Hölle der Heroinabhängigkeit absank. Er tat alles, was er konnte, doch er konnte den Geist seines Sohnes nicht ändern. Er erzählte, wie er in eine Kunstgalerie ging und dort ein Gemälde sah, in dem eine Mutter am Flussufer stehend entsetzt zuschaute, wie ihr Kleinkind von dem Strom fortgeschwemmt wurde. Die Mutter in dem Gemälde hatte keine Arme.

Wir sind umgeben von menschlichen Tragödien, und unsere Aufgabe ist es, aufmerksam zuzuhören, zu wissen, dass dies ebenso uns treffen könnte, und uns vom Leid berühren zu lassen. Es hat keinen Sinn, über deinen oder meinen Schmerz zu sprechen, sondern inmitten von Schmerz und Kummer da zu sein. Diese Absicht wirkt unserer Tendenz entgegen, uns abzuwenden, aus Angst, etwas nicht ertragen zu können. Das gesamte Leben verlangt von uns, den Mut aufzubringen, das Unerträgliche zu ertragen und niemanden aufzugeben.

• DIE ÜBUNG •

Sich still hinsetzend, den Körper möglichst entspannt, verbinden wir uns mit dem gegenwärtigen Augenblick, in unserem Körper verwurzelt. Vergegenwärtigen Sie sich jemanden, der oder die inmitten von Angst, Verlust, Mangel oder Schmerz lebt, und stellen Sie diesen Menschen in das Zentrum Ihres Gewahrseins. Spüren Sie, welche Reaktionen innerlich entstehen, und versuchen Sie, die Geschichte des Schmerzes loszulassen und die Achtsamkeit auf die schlichte Wahrheit des Schmerzes zu richten. Empathie hat zwei Seiten: Sie umfasst sowohl die Person, die wir in unser Herz eingeladen haben, als auch unsere eigene Sorge und Verzweiflung. Die Worte sind zweitrangig; vorrangig ist es, unsere Absicht und Fähigkeit zu Mitgefühl und Empathie zu kultivieren.

Mögest du Frieden finden.
Mögest du sicher sein.
Mögest du von Freundlichkeit berührt sein.

Es ist wichtig, die Worte nicht zu erzwingen und Raum zwischen ihnen zu lassen, im Wissen, dass sie Verpflichtung ausdrücken, inmitten von Kummer und Sorge präsent zu sein.

Das Schwierige

Damit Mitgefühl wirklich grenzenlos sein kann, sind wir eingeladen, es an den Orten zu kultivieren, die uns als die dunkelsten und unmöglichsten erscheinen. Wir können die Brutalität, die Grausamkeit und die Härte, die in unserer Welt existieren, nicht verstehen oder erklären. Wir können die innere Hölle einer Person, die durch zwanghafte Taten des Zorns und Verletzens entsteht, nicht nachvollziehen. Erklärungen reichen nicht aus und die Menschheitsgeschichte ist nicht nur ein Beleg menschlicher Größe, sondern auch menschlicher Lasterhaftigkeit. Wir handeln, als ob es möglich wäre, Leid und seine Ursachen zu beenden, obwohl wir gleichzeitig wissen, dass es uns unmöglich ist, das zu ändern, was in einer Person vorgeht, oder alle Wesen vor Gefahr und Schaden zu beschützen. Wir sind Zeuge von Hass und Völkermord und kleinerer Akte der Gewalt, Vorurteil und Ignoranz, die im Leben vieler Menschen Wunden hinterlassen. Wir verpflichten uns in all unseren Gedanken, Worten und Taten zu Gewaltlosigkeit und Mitgefühl, und wir tun alles, was wir können, um alle Wesen zu beschützen.

Eine alte Belehrung der buddhistischen Tradition macht diese Verpflichtung deutlich:

> Möge ich die Medizin und der Arzt für die Kranken sein.
>
> Möge ich eine unerschöpfliche Schatzkammer für die Bedürftigen sein.
>
> Möge ich in Zeiten von Hungersnot Speis und Trank werden. Möge ich ein Beschützer für die Schutzlosen sein, ein Führer für die Wanderer und ein Boot, ein Schiff und eine Brücke für diejenigen, die übersetzen wollen.
>
> Möge ich eine Lampe sein für jene, die nach Licht suchen.[12]

Dieses Bestreben ist hoch, und doch ist es der Wunsch, der im Herz des Mitgefühls steht. Die wirksamste Waffe unserer Feinde ist die Angst, und wir können lernen, ohne Furcht zu sein, und frei und fähig, unser Mitgefühl auch angesichts des Unakzeptablen nicht zu verlieren. In ihrem Buch, If you sit very still, schreibt Marian Partington über ihren qualvollen Weg, der sie von einem schmerzlichen Verlust bis hin zur Arbeit in einer Justiz brachte, die an den Opfern orientiert ist. Ihre Schwester verschwand, als sie 21 Jahre alt war, und ihre Knochen wurden zwanzig Jahre später im Keller eines Serienmörders gefunden. Partington schrieb: »Ich reflektierte darüber, was wir mit unserem unbewältigten Schmerz machen. Den Schmerz nicht auszudrücken kann zu Selbstmord führen. Ihn auszuleben führt zu Brutalität und Gewalt. Ihn wegzuwünschen, zu unterdrücken oder zu leugnen führt zu körperlicher Krankheit. Das einzige kreative Vorgehen, um mit so viel Schmerz umzugehen, besteht darin, sich zentimeterweise der Vergebung anzunähern.« Sie beschreibt Vergebung als einen andauernden Prozess, nicht als einen Zustand, und erinnert sich daran, dass sie das nicht nur für sich selbst tat, sondern für ihre Eltern, ihre Kinder und die nächste Generation, und ebenso für den Mörder ihrer Schwester. Jeden Tag, sagt sie, erinnert sie sich an ihre Verpflichtung zu Mitgefühl, was in einem der frühen Gelübde der traditionellen Mitgefühlsübung ausgedrückt wird: »Ich gelobe, alle fühlenden Wesen von Leiden zu befreien.«

Setzen Sie sich still hin und verbinden Sie sich mit dem Körper und diesem Moment. Kultivieren Sie eine innere Ruhe und Leichtigkeit. Bringen Sie das Bild eines Menschen vor Ihr inneres Auge, der oder die gerade schuldlos mit Unglück oder Schmerz zu tun hat. Spüren Sie, wie Ihr Herz berührt wird, und vielleicht auch den Wunsch, zu helfen oder zu heilen. Vergegenwärtigen Sie sich diese Absicht mit den Formulierungen, die Ihnen leichtfallen.

Mögest du Heilung finden.
Mögest du Frieden finden.

Erweitern Sie langsam den Kreis Ihrer Fürsorge und Aufmerksamkeit, um jemanden miteinzuschließen, den oder die Sie fürchten oder verachten. Spüren Sie, wie es ist, diesen Menschen ohne Angst in Ihrer Aufmerksamkeit ruhen zu lassen. Viele Reaktionen können da entstehen, und versuchen Sie, ihnen zu lauschen. Abneigung ist nicht falsch, sie verschlimmert nur das Leiden. Schenken Sie sich selbst den Wunsch, frei von Angst und Abneigung zu sein oder sie mit Mitgefühl zu berühren.

Möge ich in dieser Situation Heilung finden.
Möge ich in dieser Situation Frieden finden.

Erforschen Sie, wie es ist, diese Absicht auch der schwierigen Person entgegenzubringen. Verbinden Sie sich mit dieser Absicht, und nicht mit der Geschichte zwischen Ihnen. Fühlen Sie sich frei, zu experimentieren, lassen Sie Ihre Aufmerksamkeit zwischen der unschuldigen Person, sich selbst und der schwierigen Person hin- und herfließen. Laden Sie nun eine Person, mit der Sie zu kämpfen haben, die Sie verurteilen oder verachten, in den Kreis Ihrer Fürsorge und Aufmerksamkeit ein. Bleiben Sie mit Ihrer Aufmerksamkeit so weit wie möglich auf der schwierigen Person, und nehmen Sie auch wahr, welche Reaktionen innerlich entstehen. Ruhen Sie in diesem Fokus. Seien Sie achtsam, sich nicht in Gedanken und Assoziationen zu verlieren. Was kann in dieser Beziehung angeboten werden? Was kann losgelassen werden? Das sind wichtige Fragen, wenn wir Auswege aus einer Beziehung suchen, die von Angst oder Feindseligkeit bestimmt wird. Können unsere Herzen berührt werden von den Schmerzen und von der Person, die diesen Schmerz hervorgerufen hat? Ist uns eine auch noch so kleine Geste des Verständnisses und der Vergebung möglich?

Mögest du Heilung finden.
Mögest du frei von Kummer sein.

Die schwierigen Menschen in unserem Leben sind vielleicht die, für die zu sorgen uns am schwersten fällt. Sie sind aber möglicherweise auch die, die am dringendsten der Heilung bedürfen.

Mitgefühl für sich selbst

Wir sehen so klar, dass Ablehnung und Angst unsere Beziehung zu allen Dingen zerbricht. Unsere vertrauten Reaktionen auf Schmerz und Stress führen dazu, dass wir gefangen sind in einem unaufhörlichen Kreislauf der Selbstverurteilung, Scham und Erregung, die den Schmerz noch verschlimmern. Mitgefühl ist der Beginn der

Heilung. Es ist der Beginn eines neuen Wegs, auf dem wir etwas kultivieren, das wir in unserem Leben dringend benötigen. Wir lernen, unseren Erfahrungen auf eine neue Weise zu begegnen, indem wir nicht mehr verlangen, dass der Schmerz verschwindet, sondern verstehen, wie wir ihn mit einem fürsorglichen Herzen annehmen können. Jeder Moment, in dem wir in unserem Körper, Geist und Leben Stress empfinden, verlangt eine Antwort. Wir lernen, dass wir uns bewusst daran beteiligen können, zu heilen und frei zu werden – vielleicht nicht immer frei von Schmerz, aber frei inmitten von Schmerz.

Der Kummer und die Verluste in unserem Leben, der Schmerz in unserem Körper und die schwierigen, unwillkommenen Gedanken und Gefühle sind keine Beweise von Misserfolg und Unvollkommenheit. Sie erinnern uns daran, dass wir Menschen sind, und wir lernen, zu fragen: »Was braucht es?« anstatt »Wie werde ich das los?« Mit Achtsamkeit und Freundlichkeit lernen wir, den Unterschied zwischen der Geschichte des Schmerzes und der Erfahrung des Schmerzes zu erkennen. Die Geschichte ist endlos, der Schmerz unmittelbar. Die Geschichte hat keine Lösung, auf den Schmerz können wir eingehen. Wir lernen, dass wir das »Ich« aus unserer Erfahrung von Kummer entfernen können, und wir sehen, wie das Empfinden des Selbst nachlässt, wenn wir die Geschichte loslassen. Im Licht der Achtsamkeit und des Mitgefühls wird Leiden als Leiden gesehen und erkannt. Es ist schwierig, es ist herausfordernd, aber es ist zugänglich, und wir lernen, darauf zuzugehen, anstatt uns vor ihm zu fürchten. Heilung bedeutet nicht, dass der Schmerz verschwindet, sondern dass er in Mitgefühl anstatt in Abneigung gehalten werden kann.

Wir lernen, dass es möglich ist, Mitgefühl für unseren Körper zu empfinden, mit allem, was er in diesem Leben erfahren kann und wird. Indem wir unseren Körper wahrnehmen, nehmen wir das Leben aller Körper wahr. Es ist nicht einfach, ein verkörpertes Wesen zu sein, und wenn wir krank sind, neigen wir dazu, unserem Körper zu entfliehen. Unser Körper speichert traumatische Erinnerungen, und er ist der Grundbaustein unseres Selbstbildes. Wir lernen, mit unserem Körper vertraut zu sein, und eine Beziehung von Mitgefühl und Fürsorge aufzubauen, die Grundlage unserer Beziehung zu allen Dingen ist.

Wir lernen, was es bedeutet, Mitgefühl für unseren Geist und unser Herz zu haben. Das ist der erste Schritt: einen Geist zu kultivieren, der in Mitgefühl ruht. Den eigenen Geist zu betrachten ist wie wenn wir an der Kreuzung einer belebten Straße stehen: Wir hoffen, dass Schmetterlinge und Regenbogen auftauchen, und was wir erhalten, sind Lärm und Abgase. Gedanken und Erinnerungen kommen ungebeten, Zwänge und Sorgen belagern unsere Aufmerksamkeit, und schwierige Emotionen erscheinen immer wieder wie Gäste, die wir nicht eingeladen haben. Der Buddha hat einst gesagt: »Wer ist mein Feind? Mein Geist ist mein Feind. Wer ist mein Freund? Mein Geist ist mein Freund.« Mit Achtsamkeit verstehen wir, dass es nicht die Gedanken und Erinnerungen sind, die uns gefangen halten, sondern die Macht, die wir ihnen verleihen. Wir lernen, mit liebevoller Neugier achtsam auf unseren Geist zu sein. Mit Mitgefühl verstehen wir, dass unser Geist sich ebenso Heilung wünscht, wie jeder andere Bereich unseres Lebens, in dem es Stress oder Anspannung gibt.

• DIE ÜBUNG •

Setzen Sie sich still hin und richten Sie Ihre Achtsamkeit auf Ihren Körper, Ihren Geist und auf Ihr Herz in diesem Moment. Nehmen Sie wahr, was sich gut anfühlt – die Stellen in Ihrem Körper, die gelassen sind, die Geräusche, die Sie hören, vielleicht auch einfach die Bewegung Ihres Atems. Heißen Sie alles, was sich gut anfühlt, willkommen und begegnen Sie ihm mit Wertschätzung.

Nehmen Sie wahr, was in diesem Moment vielleicht schwierig oder schmerzhaft ist –Körperstellen, die sich angespannt anfühlen, schwierige Gedanken und Gefühlen in Ihrem Inneren, die vielleicht präsent sind – Traurigkeit, Schwermütigkeit, Angst, Grübeln. Erforschen Sie, wie sich diese vielleicht im Körper bemerkbar machen. Erkunden Sie, was es heißt, das Schmerzhafte und Leidvolle mit Mitgefühl zu berühren. Spüren Sie, was es bedeutet, Ihr Herz diesem Schmerz zu öffnen, es erzittern zu lassen, ohne dass es zerbricht. Erkennen Sie Schmerz als Schmerz, Kummer als Kummer. Erforschen Sie, was es bedeutet, inmitten dieses Schmerzes bewusst Samen von Mitgefühl zu säen.

Möge ich Heilung finden.
Möge ich in diesem Moment Frieden finden.
Möge ich in Fürsorge und Mitgefühl ruhen.

Die genauen Worte sind nicht wichtig. Sie sind weder Befehle noch Bitten, sondern ein Weg, uns mit der Möglichkeit vertraut zu machen, unser Leben so anzunehmen, wie es ist, und unseren Körper und Geist mit Mitgefühl zu berühren.

Wir erweitern den Kreis unseres Mitgefühls auf alle, die wir lieben, jeden und jede mit seinem oder ihrem eigenen Maß an Freude und Kummer. Wir öffnen unsere Augen und unsere Herzen für alle uns Unbekannten. Wir müssen die Geschichte eines anderen Menschen nicht kennen, um zu wissen, dass sich jeder Mensch, wie wir selbst, nach Frieden, nach Heilung und nach dem Ende von Leid sehnt. Wir erforschen, was es heißt, in unser Handeln in der Welt mitfühlendes Gewahrsein zu bringen. Wir sehen Leiden, und wir wenden uns nicht ab. Wir tun alles in unserer Macht Stehende, um zu helfen und zu heilen. Wir lernen, unsere Herzen dem Schmerz zu öffnen und dennoch mutig zu sein. Es mag in dieser Welt vielleicht kein Ende des Leids und Kummers geben, doch jeder Augenblick von Mitgefühl macht einen Unterschied. Grenzenloses Mitgefühl ist verkörpertes Mitgefühl, verwurzelt in unserer Absicht, ein mitfühlendes Leben zu leben.

Von Moment zu Moment lernt unser Herz, sich dem Mitgefühl zu öffnen. Wir säen Samen dieser Absicht in jedem Moment, in dem wir Kummer, Schmerz und Angst antreffen – ob innen oder außen. Wir düngen diese Samen, indem wir nachforschen und Stille, Achtsamkeit und Freundlichkeit kultivieren. Jeder Samen braucht Pflege und Fürsorge, damit er wachsen, sich entwickeln und schließlich Früchte tragen kann. Die Möglichkeit tiefen und grenzenlosen Mitgefühls liegt in unserem Inneren; und Mitgefühl veredelt unser Leben und erlaubt uns, uns bewusst an der Heilung unserer Welt zu beteiligen.

3

Freude

Der Singvogel kommt, wenn wir einen grünen Zweig in unserem Herz lebendig halten.

CHINESISCHES SPRICHWORT

Freude, so scheint es, kommt meist unverhofft. Wir können Freude weder planen noch erdenken, dennoch berührt sie unser Leben. Freude erfreut unser Herz; sie mildert unseren Geist; sie hat den Geschmack von Glück und Vergnügen. Wir verbinden Freude mit den dramatisch glücklichen und einprägsamen Momenten unseres Lebens: sich zu verlieben, die Geburt eines Kindes, ein Wiedersehen mit einem geschätzten Freund, ein wundervoller Sonnenuntergang. Freude überrascht uns, wenn sie aus den einfachsten Lebenserfahrungen hervorgeht. Das Glitzern eines Tautropfens am Gras, das ansteckende Lachen eines Kindes auf dem Spielplatz, das Lächeln eines unbekannten Menschen, das Bild eines Pinguins, der am Strand entlang watschelt wecken unsere

Aufmerksamkeit. Auf einmal sind wir hellwach, in unserem Leben präsent und froh im Herzen. Freude, könnte man sagen, ist das Lied des erwachten Herzens.

Freude hat ihre Wurzeln in der Achtsamkeit, die uns für die Welt des gegenwärtigen Moments sensibilisiert. Achtsamkeit bringt Vertrautheit mit allem, was ist. Mit Achtsamkeit lernen wir, der Freude Raum zu geben, indem wir üben, alle Dinge mit einem weiten Herzen zu betrachten, ihnen zu lauschen und Aufmerksamkeit zu schenken. Achtsamkeit und grenzenlose Freude fördern Vertrautheit. Damit wir von all dem, was in unserem Leben passiert, berührt sein können, braucht es Vertrauen. Die Sehnsucht nach Freude ist eine universelle Sehnsucht, und ihr entwachsen viele Aufgaben, denen wir uns widmen. Wir suchen Freude in Beziehungen, in der Meditation, in der Natur und im Spiel. Freude erfreut nicht nur unser Herz, sie bringt Bedeutung und Vertrautheit in unser Leben. In glücklichen Momenten erfahren wir uns als vollkommen lebendige, strahlende und dankbare Menschen. Wie Joseph Campbell einst sagte: »Wonach wir tatsächlich suchen, ist die Erfahrung, uns vollkommen lebendig zu fühlen.«

Wenn Freude da ist, verblassen Schwermütigkeit und Sorge, und sind dadurch ein klein wenig leichter zu ertragen. Unsere Ängste und Zwänge stehen nicht länger im Mittelpunkt; sie werden, wenn auch nur für einige wenige Augenblicke, verbannt. In der Freude liegt ein Gefühl innerer Freiheit, der unverfälschte Geschmack von Wachheit. Wir sehnen uns danach, diese Momente zu erlangen: sie mögen wie Zufälle erscheinen, glückliche Begegnungen, die rasch verblassen, um dann eine Erinnerung zu werden, die wir wiederhaben wollen. Wir können erbarmungslos immer wieder versuchen, die gefühlte Erinnerung an die Freude wiederzugewinnen – etwas Wunderbares wird leicht zu einem Gegenstand des Begehrens. Auf dem Pfad des Erwachens wird Freude, wie Freundlichkeit und Mitgefühl, nicht dem Zufall überlassen. Der Same für Freude liegt in jedem unserer Herzen; sie ist die Fähigkeit und das Potenzial eines menschlichen Geistes. Wir lernen, Freude zu kultivieren, ihren Ursprung zu verstehen, zu spüren, was ihr Entstehen in unserem Inneren verhindert, und, mit Übung, in allen Lebenslagen in Freude zu verweilen.

Die Belehrungen zu den unermesslichen und edlen Qualitäten des Herzens, die uns Freiheit ermöglichen, sprechen von Freude nicht als einem vorübergehenden, momentanen Zustand, sondern von einer Haltung, einer Seinsweise und einem verkörperten Verständnis, das allen verfügbar ist. Wir unterteilen unsere Emotionen in Gegensätze – die willkommenen und die unwillkommenen, die erwünschten und die unerwünschten, die wertvollen und die wertlosen. Die Tendenz, das Angenehme willkommen zu heißen und zu verstärken und das Unangenehme zu vermeiden und zu missachten, ist ganz verständlich, allerdings ist es ebenso ein Rezept für ein frustrierendes und aufgewühltes Leben. Wir glauben, dass, wenn Kummer und Bedrückung präsent sind, keine Freude da sein kann. Und wenn Freude da ist, wird jedes Unglück und jede Angst vergessen. Freude als Seinsweise in allen Lebenslagen zu kultivieren, ist eine Einladung, unser Verständnis von Freude radikal zu wandeln, und sie nicht als einen Zustand zu sehen, sondern als einen Ort, an dem unser Herz ruht. Wir lernen, inmitten unseres schwierigen und herausfordernden Lebens ein freudvolles Herz zu kultivieren.

Ein Veteran, der im Gefecht schwer verletzt worden war und mehrfach amputiert werden musste, sagte: »Ich kann für das, was geschehen ist, nicht dankbar sein, aber in Wirklichkeit habe ich mich niemals lebendiger gefühlt als jetzt. Trotz der Schmerzen und der täglichen Schinderei, mein Leben am Laufen zu halten, betrachte ich nichts mehr als gegeben. Ich habe meine Kinder niemals mehr geschätzt als jetzt. Ich habe gelernt, öfter innezuhalten und das Leben um mich herum wahrzunehmen. Ich bin ein besserer Zuhörer geworden. Jeden Tag bin ich für etwas dankbar.«

Als ich einige Zeit in Indien in einer Gemeinschaft tibetischer Flüchtlinge lebte, war ich verwundert von ihrer ansteckenden Freude, ihrem Gelächter, ihrer offensichtlichen Unbeschwertheit, ihrem strahlenden Lächeln und ihrer Großzügigkeit. Alle hatten sie so viel Not und Schaden ertragen, Grausamkeit und Gewalt erfahren, und das Leid derer, die zurückgeblieben waren, blieb in ihrem Bewusstsein präsent. Ihr Leben als Flüchtlinge war unterprivilegiert und düster, dennoch waren ihre Herzen irgendwie unversehrt, und sie teilten ihre verkörperte Freude mit allen, denen sie begegneten. Ihre tiefe Großzügigkeit und Freundlichkeit durchdrangen ihr Sprechen und Handeln und berührte Freunde ebenso wie Fremde.

Es ist einfach, den Kriegsveteranen zu verklären und zu glauben, der tibetische Flüchtling wäre ein Heiliger. Doch sie selbst wären die Ersten, dies abzustreiten. Es gibt Menschen, die mit einer sanften Freude inmitten von Schwierigkeiten leben, die trotz persönlicher Not großzügig sind oder die unter schwierigsten Umständen Lebendigkeit und Vitalität verkörpern. Anstatt diese Menschen zu idealisieren, könnten wir uns fragen, wo die Wurzeln der Freude in uns selbst liegen. Wir könnten uns inmitten unserer Sorgen und Verluste, unserer Herausforderungen und Schmerzen fragen, ob wir wirklich der Freude beraubt sind, oder einfach die Möglichkeit einer sanften Fröhlichkeit bei allem, was geschieht, vergessen haben. Vielleicht erinnern wir uns an unsere Fähigkeit, uns in einem freudvollen und zufriedenen Herzen zu Hause zu fühlen. Wir müssen nicht darauf warten, dass das Schwierige und Herausfordernde aufhört, bevor Freude da sein darf. Freude ist weder eine Ablehnung des Kummers noch eine künstliche Erfindung, sie ist eine Haltung des Herzens, um das Schwierige zu mildern und zu erleichtern. Eine frühe chinesische Meditationsbelehrung lädt uns zu dieser Übung ein: »durch die Pforten von Leichtigkeit und Freude zu treten«.

In den Belehrungen zu den unermesslichen und edlen Qualitäten grenzenloser Freundlichkeit, Mitgefühl, Freude und Gelassenheit, wird Freude seltener erwähnt als die anderen Qualitäten des Herzens, doch sie nimmt keine geringere Stellung ein. Freude bringt Gleichmut, Gelassenheit und Freundlichkeit, und schützt davor, dass Gleichmut zu Kälte oder Distanzierung wird. Freude ist ein notwendiger Begleiter des Mitgefühls, sie mildert die Intensität und Rauheit des unumgänglichen Schmerzes, den wir aufgefordert sind, anzunehmen. Freude motiviert und inspiriert uns, auch bei scheinbar grenzenlosem Unwissen und Leid durchzuhalten. Freude bringt eine innere Weite, die das Herz vor Überwältigung beschützt, und sie ist eine Zuflucht, die uns Zufriedenheit und Leichtigkeit schenkt, wenn wir in ihr ruhen und verweilen. Das Leben bringt Trübsal und Widrigkeit; uns bleibt keine andere Wahl als ihnen zu begegnen. Sind wir zu tiefer innerer Leichtigkeit und Fröhlichkeit fähig, können wir auch dem Schwierigen ohne Angst und Ablehnung begegnen. Viele Menschen, die sich aus Mitgefühl um andere kümmern und sorgen, leiden oft sehr. Fortwährend dem Schmerz der Welt ausgesetzt zu sein, kann das Herz erschöpfen. Durch Freude können wir uns an unsere Absicht erinnern und unsere Fähigkeit erneuern. Der Begriff »Mitgefühlsmüdigkeit« beschreibt nicht das Erschöpfen des Mitgefühls, sondern das Verschwinden von inneren Ressourcen, von Fröhlichkeit und Weite. Wenn wir uns dem Leid der Welt zuwenden, ist es äußerst wichtig, für unser eigenes Wohlergehen zu sorgen und uns innerlich Freude und Freundlichkeit zu gönnen. Denn Freude erlaubt uns, inmitten unseres Tuns Ruhe zu finden und Frieden und Leichtigkeit zu empfinden.

Die traditionellen Belehrungen zu den Unermesslichen sprechen von einer empathischen, uneigennützigen und anerkennenden Freude. Von einer Freude, die das Glück und das Wohlbefinden anderer anerkennt, feiert und daran teilnimmt. Eine wesentliche Qualität der Freude ist es, angesichts des Glücks eines anderen selbst Freude zu empfinden, und damit auch unsere Neigung, andere zu beneiden oder uns zu vergleichen, abzumildern. Um diesen Aspekt besser zu kennen, hilft es, sich mit Freude und ihren ganzen unterschiedlichen Facetten bekannt zu machen.

Das Herz erfreuen

Vieles, was uns das Leben schenkt, bringt Freude. Das einfache Vergnügen einer guten Mahlzeit, ein schöner Sonnenaufgang, Zeit, die wir mit Freunden verbringen, all das erfreut unser Herz. Einem fröhlichen Musikstück zuzuhören, ein erhebendes Gedicht zu lesen, ein großartig gemaltes Gemälde zu betrachten, können Momente sein, die mit Freude erfüllt sind. Momente, die uns eine Ahnung von unserem eigenen Potenzial der Freude vermitteln. In solchen Momenten erfahren wir, dass wir nicht nur die beschränkte und aufgewühlte Person sind, die wir zu sein glauben. Wir erinnern uns vielleicht auch daran, dass unsere Fähigkeit zu Freude zu wichtig ist, um vergessen zu werden, und dass Aufmerksamkeit und Fürsorge notwendig sind, damit sich diese Fähigkeit vertiefen kann. Wir sind sinnliche Wesen, und sinnliche Freude sollte nicht missachtet werden; sie lehrt uns viel über die Fähigkeit unseres Herzens, sich zu freuen.

Die Natur ist eine besondere Verbündete im einfachen Erlernen von Freude. In Momenten, in denen Freude weit entfernt zu sein scheint, können wir in einen Garten oder Park gehen, und das geht auch mitten in der Stadt, unsere Augen auf den Himmel richten und einfach innehalten, lauschen und atmen. Erlauben Sie Ihren Augen, einfach den Wolken zu folgen, wie sie sich durch den Himmel bewegen, lauschen Sie dem Geraschel des Windes in den Baumzweigen, betrachten Sie das Leuchten des Grases. Was bedeutet es für uns, ohne Sprache wahrzunehmen und die Welt mit unseren Sinnen zu empfangen? Wir erlauben uns selbst einen Moment des Staunens, in dem Wissen, dass die Gezeiten der Natur, mit ihrem Anfang und Ende, Spiegel der Gezeiten unseres Lebens sind. In der Stille spüren wir, was es heißt, die Welt zu empfangen, zu lauschen, zu betrachten und präsent zu sein – und wir schaffen Raum für Freude. Empathie ist für das Kultivieren von Freude ebenso zentral wie für das Kultivieren von Mitgefühl. Angesichts des Schönen spüren wir unser Herz erbeben, und lassen uns von dem, was vor uns liegt, berühren und mit Freude erfüllen.

Die Fröhlichkeit, von der in den Belehrungen zum Kultivieren von Freude gesprochen wird, ist eine innerlich hervorgebrachte. Sie entsteht in unserem Gewahrsein, wenn wir uns allem, was ist, öffnen, Verständnis entwickeln und den Ursachen, die Freude und Fröhlichkeit behindern und unterdrücken, die Wurzeln kappen. Wir sind eingeladen, unser Verständnis von Freude radikal zu wandeln. Das Leben bringt so viele freudige Momente mit sich, doch wenn unsere Herzen verschlossen und eng sind, berühren uns diese Momente nicht. Damit Freude in unserem Leben und unserem Sein, auch in einer Welt der Unsicherheit und Unberechenbarkeit, im Zentrum stehen kann, sind wir eingeladen, ein offenes Herz zu kultivieren. In der Meditation lernen wir, unseren Geist zu kultivieren, um im gegenwärtigen Moment klar und präsent zu sein, wir lernen unsere ablenkenden Gewohnheiten abzumildern und uns ein Zuhause in der Stille zu schaffen. Auch wenn diese geistige Sammlung außerordentlich wertvoll ist, geht es dabei nicht nur darum, die Konzentration zu steigern. Wir kultivieren Stille, weil der stille Geist und das stille Herz der Ursprung von Freude sind, so wie große Flüsse einem einfachen Bach entspringen.

Ein Schüler sprach von den emotionalen Auswirkungen, als er seinen Arbeitsplatz verloren hatte.

> »Für Wochen strampelte ich in einem Ozean aus Scham, Versagensängsten und Trostlosigkeit. Was wird mich morgens aufstehen lassen? Wie besessen habe ich die Stellenanzeigen im Internet und in den Zeitungen durchkämmt. Es war, als ob ich mich selbst, meine Identität und Würde verloren hätte. Eines Morgens wachte ich auf, und es war anders als am Morgen davor. Ich hörte, wie die Vögel in der Morgendämmerung zu zwitschern anfingen. Ich nahm meine Tasse Kaffee mit in den Garten, und mir wurde bewusst, wie lange es her war, seitdem ich so etwas ohne Eile getan hatte. Ich war da, um meine Kinder für die Schule aufzuwecken und mit ihnen zu frühstücken. Das hatte ich noch nie zuvor gemacht. Mir wurden alle die vielen verlorenen Momente in meinem Leben bewusst, in denen ich nicht präsent war. Da war das tiefe Empfinden eines Neuanfangs, einer Gegenwart voller Möglichkeiten.«

Manche Lehrer sprechen von einer »heiligen Untätigkeit«, einer gefährdeten Kunst. Freude braucht Raum und Platz, um zu entstehen.

Diese innerlich hervorgebrachte Freude zu empfinden, die aus der Stille entspringt, hat die Kraft, unsere Beziehung zum Leben radikal zu wandeln. Wir schätzen diese Momente von Glück und

Verzückung und wissen tief im Inneren, dass es nichts zu erlangen, besitzen oder erreichen gibt, das dieselbe tiefe Freude bieten würde, wie die, die aus unserem Inneren entspringt und von äußeren Bedingungen unabhängig ist. Wir sind fähig, von dem unerbittlichen Streben nach Dingen und Erfahrungen zurückzutreten, und ihnen nicht länger die Macht zu verleihen, uns glücklich und zufrieden zu machen. Wir sind nicht länger von äußeren Bedingungen abhängig, nicht länger von Bedürftigkeit beherrscht. Indem wir die inneren Wurzeln von Freude entdecken, verlangen wir nicht länger von der Welt, von Menschen und von Ereignissen, uns glücklich zu machen und uns von Stress zu entlasten. Freude als veredelnde Qualität des Herzens ist keine momentane Freude, die sich durch angenehme Ereignisse und Erfahrungen einstellt, sondern eine Art und Weise zu sein: das Zuhause eines erwachten Geistes.

Seit jeher ermutigen uns die großen spirituellen Traditionen, uns in Stille niederzulassen. Meine frühesten Lehrer rieten, einen abgeschiedenen Ort mit weiter Aussicht zu finden, um dort zu meditieren. Zu lernen, den Geist zu sammeln, damit er fest im gegenwärtigen Moment begründet ist, ist eine herausfordernde Disziplin, gehört aber zur Kultivierung von Freude unerlässlich dazu. Wir nehmen uns einige Momente Zeit, um von der Welt Abstand zu gewinnen – der Welt des »Tuns« und der Welt der Beschäftigung – und das Herz beginnt sich zu beruhigen. Über Jahrhunderte hinweg haben sich Schüler auf der Suche nach dem Erwachen auf Berggipfel, in die Wüste und in abgeschiedene Höhlen begeben, um ihr Herz mit Freude zu erfüllen und zu befreien. Die Anweisungen des Buddha zur Meditation beginnen ausnahmslos damit, die Schüler zu ermutigen, sich in einer leeren Hütte oder an den Wurzeln eines Baumes niederzulassen und »sich von der Welt zurückzuziehen und sich in Achtsamkeit und Abgeschiedenheit einzufinden«. Wir heute mögen vielleicht das Gefühl haben, dass uns der Luxus, eine leere Höhle aufzusuchen oder uns von unserem Leben zurückzuziehen, nicht gegeben ist. Womöglich fühlen wir uns einem engagierten Leben in einer Welt mit Menschen, die dringlich Mitgefühl brauchen, zutiefst verpflichtet. Wir fühlen uns eher nicht zu einem Leben als Eremiten berufen, und dennoch haben wir alle ein wenig von einer Nonne oder einem Mönch in uns. Wir kennen den Wert von Stille. Abgeschiedenheit nährt unser Herz und Einfachheit erfreut unseren Geist.

Freude zu empfinden braucht Disziplin; es verlangt nicht, uns von dem Leben zurückzuziehen. Die Disziplin, die wir für die Kultivierung der Freude benötigen, ist weder erzwungen noch angestrengt; es ist eine Disziplin der Freundlichkeit. Wie leichtfertig stellen wir die Sorge um unser eigenes Herz als Letztes auf unsere Aufgabenliste. Raum zu schaffen für Freude erfordert von uns, in der Geschäftigkeit unserer Tage innezuhalten und zu rasten. Einer der klassischen Lehrer, Patrul Rinpoche, sagte: »Bis zum Moment unseres Todes hören die Beschäftigungen nicht auf. Sie enden dann, wenn wir sie ablegen. Das ist ihre Natur.« Damit der Same der Freude, aus dem Inneren entsteht, keimen kann, sind wir eingeladen, achtsam und empfindsam zu sein. Die uns verfügbaren Meditationsübungen sind der Weg zur Entdeckung der stillen Freude. Ein gesammelter Geist und ein ruhiges Herz, die durch die formale Disziplin der Meditation kultiviert werden, erlauben uns, jeden Moment mit leiser Fröhlichkeit und einem tiefen Gefühl von Genügsamkeit zu erleben.

Hindernisse

Wollen wir ein befreites und erwachtes Herz kultivieren, ist es unerlässlich, wirklich zu erkunden, was die Freude behindert. Dafür können wir all jenen Momenten unseres Tages Aufmerksamkeit schenken, in denen keine Freude da ist. Im Licht einer achtsamen Erforschung entdecken wir so Muster und Tendenzen, die zu Stress führen. Mit dem daraus gewonnenen Verständnis beginnt der Weg, um den Stress zu beenden und Freude und Frieden zu kultivieren. Es sind hauptsächlich zwei Bereiche, in denen wir Einsicht in das Wesen von Freude bekommen. Der erste ist die Art und Weise, wie wir im Inneren anstatt Freiheit Mangel und Unzulänglichkeit empfinden. Der zweite ist der Bereich der oftmals unbewussten Muster, mittels derer wir ständig unser Selbst in Beziehung zum Selbst von anderen stellen, indem wir uns als besser, schlechter oder gleichwertig betrachten, das heißt, uns im Vergleich mit anderen bewerten und definieren. Diese beiden Bereiche unterdrücken unsere Fähigkeit zu Freude, und dies erschafft ständig neuen Stress. Es gibt keine Abkürzung zur Freude, und der Weg zur Befreiung führt nicht an uns selbst vorbei. Mit Achtsamkeit, Freundlichkeit und Mitgefühl finden wir den Mut, uns selbst zu begegnen und uns mit unserem Herz vertraut zu machen, auch mit unseren schwierigsten Seiten, die wir lieber ignorieren oder vernachlässigen würden.

Die Kultur der Unzulänglichkeit ist eine mächtige Ideologie, die unsere Fähigkeit zu Freude und Freiheit sabotiert. Täglich werden wir durch Medien, Werbung und soziale Erwartungen mit Botschaften bombardiert, die uns vermitteln, mangelhaft und unzulänglich zu sein. Models und andere Bilder der Perfektion sind reichlich vorhanden, doch Perfektion ist und bleibt etwas Flüchtiges. Der Anspruch, anders zu sein als wir sind, nämlich attraktiver, erfolgreicher oder kompetenter, lässt uns glauben, dass wir so akzeptierter und liebenswerter wären, und wir nehmen das auf und verinnerlichen es. Wir können uns trotz alldem, was wir sind, besitzen und erreichen, innerlich arm fühlen. Wir hören die inneren Stimmen, die uns sagen, dass wir nicht genügend besitzen, nicht gut genug sind und dass wir unvollkommen und nicht liebenswert sind. Die Ideologie von Unzulänglichkeit ist ein persönlicher und kollektiver Glaube, der einen Großteil des Unglücklichseins, der Erregung und der Niedergeschlagenheit hervorbringt, die unser Leben und Herz beherrschen.

Vieles wird der Ideologie von Unzulänglichkeit auf dem Altar geopfert: Stille, Großzügigkeit, manchmal auch Ethik und Freiheit. Beherrscht von dem bohrenden Gefühl, nicht zu genügen, wenden wir uns nach Außen und suchen in der Welt, bei anderen Menschen und Erfahrungen Bestätigung, Befriedigung und eine Lösung unserer Unzufriedenheit. Es ist eine Suche ohne Ende. Wenn wir vorübergehende Momente von Befriedigung erfahren, dann sind wir begeistert und fühlen uns gar erfolgreich: ein Ziel wird erreicht, ein Objekt besessen, ein Verlangen gestillt, und wir entspannen uns. Ein Moment der Erholung von den Antreibern der Unzulänglichkeit und des Mangels, die uns in eine Welt von Rastlosigkeit und Ängstlichkeit zwingen. Allzu bald aber wandern unsere Augen wieder in der Welt umher, um etwas anders zu finden, das uns Glück spenden und das hintergründige Rauschen von Unzufriedenheit mildern soll. Mit unseren Gedanken suchen wir in der Zukunft eine Grundlage, auf der wir den nächsten perfekten glücklichen Moment entdecken könnten. Dabei wenden wir uns von diesem Moment, wie er ist, ab und dem Moment zu, in dem das Leben so sein wird, wie wir es uns vorstellen, dass es sein sollte.

Der Buddha beschrieb dies als einen unstillbaren Durst, als unerlässliches und endloses Verlangen. Die buddhistische

Psychologie betrachtet dieses Verlangen als den hauptsächlichen Ursprung von Stress. In unserer Verwirrung halten wir das Verlangen für ein Mittel, um den Stress zu beenden. Wenn wir unseren Geist an einem Tag sorgfältig betrachten, kann es eine Offenbarung sein zu sehen, wie viel unserer Energie, Gedanken und Handlungen dazu dienen, angenehme Erfahrungen zu erlangen und die unangenehmen zu vermeiden. In der Veräußerlichung von Glück werden angenehme Erfahrungen mit Freude verwechselt. Sie sind ein schlechter Ersatz. Wir sind nicht dazu eingeladen, den Kreislauf erregter und begehrender Tätigkeit in unserem Leben zu bewerten oder zu verurteilen, sondern zu lernen innezuhalten und uns zu fragen, wo anhaltende Freude zu finden ist. Wenn Freude nicht hier in diesem Moment mit all seiner Unvollkommenheit ist, wo sonst sollte sie dann zu finden sein? Der Buddha hat nicht davon gesprochen, die Welt mit all ihren Schwierigkeiten zu überwinden, sondern davon, Stress und seine Wurzeln zu beenden. Zufriedenheit scheint weit entfernt, wenn Verlangen unser Herz ergreift. Wenn Zufriedenheit allerdings der Grund und Boden unseres Herzens ist, dann können wir Unvollkommenheit umarmen, ohne in Verlangen oder Abneigung zu verfallen.

Die zweite Dimension, um zu verstehen, woraus Freude hervorgeht, ist das Gewahrsein darüber, wie die Ideologie des »Selbst« unbewusst und schleichend unsere Fähigkeit verzerrt, wirklich in innerer Leichtigkeit und im Glück zu ruhen. Es scheint ein leitendes Prinzip in unseren Beziehungen zu sein, wie wir uns selbst im Verhältnis zu anderen platzieren – als anderen überlegen, unterlegen oder gleichwertig. Anfänglich mag dies vage und harmlos klingen, dennoch ist es ein tief verwurzeltes Muster, das unser Leben beherrschen kann und so machtvoll ist, dass es Freude verhindert. Viele der Ideologien, die tiefe Wunden in der Menschheitsgeschichte hinterlassen haben, folgen diesem Muster, sowohl individuell als auch kollektiv. Genozid, Krieg, Vorurteile, Klassensysteme und Missbrauch beruhen auf dem Glauben, anderen überlegen zu sein. Das Fortbestehen von niedrigen Erwartungen, generationellem Versagen und häuslicher Gewalt kann auf der giftigen Wechselwirkung beruhen, wenn der Glaube einer Person, überlegen zu sein, auf den Glauben eines anderen trifft, unterlegen zu sein.

Das »Selbst« zu positionieren, also die Art und Weise, wie wir uns selbst in Beziehung zu anderen betrachten, kann bestimmen, wen wir als Freund betrachten und wer unser Feind ist. Er kann all unser Bestreben beherrschen, und was wir für uns als möglich und unmöglich erachten. Dieser Prozess ist eine Ideologie, die sowohl unsere Sehnsucht, unsichtbar zu sein oder im Schatten des Lebens zu leben, als auch die, selbstbewusst und sicher zu sein, gestalten kann. Er bestimmt darüber, ob wir still oder artikuliert sind, ob wir nach dem Horizont streben oder uns mit unseren Begrenzungen zufriedengeben. Es ist die grundlegende Sicht auf uns selbst, die die Macht hat, unser Leben zu gestalten. Was ist es, das uns dazu führt, einen Sitz weit hinten im Raum im Schatten zu wählen oder uns in der ersten Reihe zu zeigen? Was lässt uns glauben, dass Befreiung für andere möglich ist, aber nicht für uns selbst? Was lässt uns still bleiben, obwohl wir viel zu sagen haben? Was treibt uns zu dem unwiderstehlichen Bedürfnis, andere zu beeindrucken? Was führt uns dazu, zu glauben, dass wir keine Fähigkeit dazu haben, unser Herz zu verwandeln? Oder zwanghaft nach Erfolg zu streben? Warum müssen wir selbst bei Menschen, die wir bewundern, Fehler finden, damit wir uns leichter mit ihnen identifizieren können? Hinter vielen Zwängen in unserem Leben erkennen wir den Schatten einer Sichtweise, die uns als anderen überlegen, unterlegen oder gleichwertig wahrnimmt.

Diese Verzerrung unserer Sicht auf uns selbst wurzelt in der frühen Entwicklung unserer Persönlichkeit. Wenn wir unser Leben hindurch gelobt und ermutigt wurden, fühlen wir uns vielleicht nicht nur zuversichtlicher, sondern schauen auch auf andere herab und lehnen sie ab. Der Schattenbegleiter der Zuversicht, manchmal auch als sein naher Feind bezeichnet, ist eine Qualität von Stolz, der darauf beruht, dass wir uns den anderen überlegen fühlen. Wir neigen dazu, unsere überlegene Position zu verteidigen, indem wir uns selbst durch unsere Funktionen, unseren Besitz und unsere Errungenschaften definieren. Begleitet wird diese Sichtweise von einem andauernden Geflüster von Angst – die Angst, all das zu verlieren, mit dem wir uns definieren, um unser Gefühl von Überlegenheit zu sichern. Selbstschutz wird ein zentraler Zwang in unserem Leben.

Wenn ich glaube, dir unterlegen zu sein, wird meine psychologische und emotionale Welt gekennzeichnet sein von einer Geschichte von Selbstverurteilung, Vergleich und Eifersucht. Ich werde mich selbst dabei wiederfinden, die Unvollkommenheit in anderen zu suchen, in dem Glauben, dadurch den Schmerz meiner eigenen Unvollkommenheit ein wenig zu lindern. Durch diese Sicht von Unvollkommenheit wird das Leben beschränkt; unsere Bestrebungen versagen und Unmöglichkeit beherrscht unsere Leben. Die Ideologie von Unzulänglichkeit und Unvollständigkeit wird endlos bekräftigt, indem wir andere als glücklicher, vollkommener und besser als uns betrachten. Verzweiflung und Niedergeschlagenheit, Frustration und Verbitterung graben sich als emotionale Muster in unser Herz ein.

Wenn ich mich als den anderen gleichwertig betrachte, wird mein Geist zu Zweifel und Zynismus neigen. Ich werde es schwierig finden, das Glück von anderen zu feiern, und es nötig haben, dass sie in derselben Suppe von Schwierigkeit und Unglücklichsein wie ich schwimmen. Ich werde die Selbstlosigkeit und die Großzügigkeit anderer anzweifeln und das Gefühl haben, dass darin dieselbe Selbstversunkenheit steckt, die ich erlebe. Vielleicht würde ich es schwierig finden, andere wirklich für ihre Freundlichkeit und Mitgefühl zu bewundern, denn das zu tun würde meine eigenen Gefühle von Ungenügen enthüllen. Die Ideologie der Gleichheit mag oberflächlich gesehen behaglich erscheinen. Sie erleichtert mich von der Notwendigkeit, nach Bedeutung zu streben; sie kann den Wasserfall von Urteilen rechtfertigen, die wir über andere fällen, und mich von der Notwendigkeit befreien, unter die Oberfläche der Meinungen und Erkenntnisse zu blicken, die ich mir über mich selbst und andere gebildet habe. Das giftigste Element in der Ideologie von Gleichheit ist die Beeinträchtigung von Zuversicht und Bestreben. Der Buddha hat darauf hingewiesen, dass ein Mensch ohne Zuversicht wie ein Mensch ist, der in einem Boot sitzt und kein Ruder besitzt.

Freude zu kultivieren ist unverzichtbar in unserem Leben und auf dem Pfad des Erwachens. Wir bemühen uns zu verstehen, was es bedeutet, in einem freudvollen Herz zu ruhen, das nicht bloß ein zeitweiliges Glück darstellt. Wir lernen, Freude zu kultivieren, die in Verständnis verwurzelt ist, deren Hindernisse beseitigt sind. In einem der frühen Texte lehrt der Buddha: »Lebt in Freude und in Liebe, selbst unter jenen, die hassen. Lebt in Freude, selbst unter jenen, die leiden. Kennt die süße Freude des Weges.«[13] Er fuhr fort, dass das Herz, das wahre Freude kennt, ein diszipliniertes Herz sei, und stellte Freude somit direkt in den Kontext einer bewusst kultivierten Qualität und eines bewusst kultivierten Pfades.

Integrität

Integrität ist die erste Grundlage von Freude ebenso wie der Grundstein, der den gesamten Pfad des Erwachens untermauert. In der buddhistischen Tradition wird sie als die »Glückseligkeit der Tadellosigkeit« beschrieben, ein Begriff, der großartig anmutet. In Wirklichkeit ist sie sehr einfach. Integrität besteht nicht aus einer Reihe von Regeln, die mit Werturteilen von richtig und falsch, gut und schlecht beladen sind. Der Buddha beschrieb Integrität als in Freundlichkeit und Mitgefühl verwurzelte Gedanken, Worte und Taten. Ein ethisches Leben beruht auf einem tiefen Gewahrsein der Wurzeln unserer Gedanken, Worte und Taten, und ob sie Leid vermehren oder dazu dienen, Leid, Entfremdung, Angst und Mühe zu beenden. Wir lernen mit einem tiefen Gewahrsein zu leben, das ebenso wie unsere Herzen, unser Geist und unser Leben zutiefst beeinflusst wird von den Gedanken, Worten und Taten anderer; so wie wir durch unsere Gedanken, Worte und Taten unseren eigenen Eindruck im Leben hinterlassen. Wir erfahren, dass unsere Gedanken, Worte und Taten, wenn sie von Angst und Böswilligkeit getrieben werden, zwanghaft und reaktiv sind und zahlreiche Spuren von Reue, Scham und Schuld in unserem Geist hinterlassen. Momente von zwanghaftem und reaktivem Denken, Sprechen und Handeln sind meist die unbewusstesten Momente in unserem Leben; es sind auch jene Momente, in denen wir am meisten leiden und die den negativsten Einfluss auf die Welt haben.

In Fürsorge und Mitgefühl verwurzelte Gedanken, Worte und Taten hinterlassen kaum Spuren in unserem Geist, aber sie können einen Beitrag zum Wohlergehen anderer leisten. Motiviert durch das tiefe Bestreben, Leiden zu beenden, treffen wir aus Fürsorge für das Wohlergehen aller achtsame Entscheidungen bezüglich unserer Gedanken, Worte und Taten. Wir wissen, dass unsere Sicherheit, unser Frieden und unser Glück nicht von der Sicherheit, dem Frieden und dem Glück aller Lebewesen getrennt werden können. Dies ist die Freude der Tadellosigkeit: ohne Bedauern zu leben, das heißt, so zu leben, dass uns niemand zu fürchten hat und wir in allem, was wir tun, vertrauenswürdig sind. Integrität wird als der Wächter unseres Herzens und der Beschützer der Welt bezeichnet.

Einzelne Menschen sowie Gemeinschaften in der ganzen Welt verpflichten sich jeden Tag zu einem Leben in Integrität und einem Leben in Freude. Die Worte und Formen unterscheiden sich, aber das Wesen bleibt das Gleiche: so zu leben, dass unser Herz und das Wohlergehen der Welt beschützt sind. Es ist eine Verpflichtung zur »Glückseligkeit der Tadellosigkeit«, einem Leben ohne Reue und Scham. Eine Möglichkeit dieser Verpflichtung wird in dem Folgenden ausgedrückt:

> In dem Wissen um die verflochtene Natur unserer Leben,
>
> gehe ich die Verpflichtung ein, das Wohlergehen aller zu beschützen und Schaden von anderen Lebewesen zu unterlassen,
>
> gehe ich die Verpflichtung ein, Großzügigkeit zu üben und das Nehmen von nicht freiwillig Gegebenem zu unterlassen,
>
> gehe ich die Verpflichtung ein, alle Wesen zu respektieren und sinnliches und sexuelles Fehlverhalten zu unterlassen,
>
> gehe ich die Verpflichtung ein, in meiner Sprache wahrhaft, ehrlich und geschickt zu sein und falsche und schädliche Rede zu unterlassen,
>
> gehe ich die Verpflichtung ein, die Klarheit meines eigenen Geistes hoch zu schätzen und die Einnahme von Substanzen, die zu Achtlosigkeit führen, zu unterlassen.

In den frühen buddhistischen Belehrungen werden diese Verpflichtungen als die fünf Geschenke bezeichnet, die wir uns selbst machen. Auch sind es die Geschenke, die wir der Welt machen können.

Wertschätzung

Die zweite Grundlage der Freude liegt darin, unsere Fähigkeit der Wertschätzung zu kultivieren und zu begründen. Aus Sicht der Evolutionstheorie neigen wir dazu, hauptsächlich das, was bedrohlich, unvollkommen und defekt ist, wahrzunehmen. Es ist die Negativitätstendenz des Geistes, die in der frühen menschlichen Entwicklung hilfreich war, unser Überleben zu sichern und heute nur noch beschränkt nützlich ist, uns selbst und andere zu beschützen, zum Beispiel, indem wir einem wegrollenden Bus ausweichen. Als eine automatisierte Reaktion wird sie zu einer emotionalen Gewohnheit, die Wertschätzung und Freude unterdrückt. Wir betreten einen Garten und stellen fest, dass unsere Aufmerksamkeit vom Unkraut angezogen wird und wir die frühen, grünen Triebe der Zwiebeln kaum bemerken. Wir bemerken, dass wir uns auf den Makel im Bilderrahmen konzentrieren, bevor wir uns daran erinnern, das schöne Gemälde zu betrachten. Wir kommen von der Arbeit nach Hause und erzählen unserem Partner alles, was heute schiefgegangen ist, und erwähnen dabei kaum all das, was gut lief. Wenn wir meditieren, sind wir ausschließlich mit unserem schmerzenden Knie und den aufdringlichen Gedanken beschäftigt und bemerken kaum die Körperregionen, die wohlauf sind. Wir denken viel an Menschen, die wir nicht mögen, manchmal sogar mehr als wir an jene denken, die wir lieben. Wenn wir über unser Leben nachdenken, stehen die schwierigen Erinnerungen und Erfahrungen im Mittelpunkt unserer Aufmerksamkeit.

Ein altes chinesisches Sprichwort besagt: »Schreibe deine Sorgen in Sand und meißle deine Freuden in Stein.« Es ist eine Einladung, das zerstörerische Muster umzukehren, das uns dazu bringt, unsere Freuden in Sand zu schreiben und schnell zu vergessen, während wir unsere Sorgen in Stein meißeln. Achtsamkeit lehrt uns, unsere Fähigkeit der Wertschätzung wiederzuerlangen. Wir lernen, zahlreiche Momente zu kultivieren, in denen wir innehalten und aus unserer Geschäftigkeit und unseren Geschichten aussteigen, um das, was vor uns liegt, wahrhaftig zu betrachten, mit ganzem Herzen anzuhören, berührt zu werden und Raum für Freude zu schaffen. Wir meditieren und kümmern uns um das, was in unserem Körper und Geist schmerzt und schwierig ist, und wir lernen, all dem, was wohlauf ist, ebenso viel Aufmerksamkeit zu schenken. Wir lernen, die Momente in unserem Tag wahrzunehmen, in denen unser Herz weder von Erregung noch krampfhaftem Anklammern beherrscht wird. Beim Zähneputzen putzen wir einfach unsere Zähne. Wir schenken dem Essen, dem Gehen, der Empfindung der Brise auf unserer Wange unsere volle Aufmerksamkeit, und wir spüren die Leichtigkeit und das Gefühl von wertschätzender Freude in diesen Momenten. Anstatt die vielen Taten der Großzügigkeit, die wir spenden, die kleinen Worte der Dankbarkeit und Freundlichkeit, die wir sagen, und die Gesten der Fürsorge, die wir darbringen, zu vertuschen, lernen wir diese Augenblicke anzuerkennen und zu feiern und entdecken dabei einen Geschmack von Freude.

Wertschätzung beruht darauf, unsere unschuldige Wahrnehmung wiederzuerlangen. Wir betrachten ein kleines Kind, wie es vor Vergnügen gluckst, während es zum ersten Mal einen sich windenden Wurm in seiner Hand hält, oder endlos fasziniert ist, wenn es von derselben Stufe immer wieder herunterspringt. Wir staunen über die Fähigkeit des Kindes neugierig zu sein. Freude handelt davon, diese Fähigkeit in uns selbst zurückzugewinnen, fähig zu sein, aufs Neue hinzusehen. Es ist uns so klar, dass die Welt trostlos erscheint, wenn unsere Augen müde sind. Wenn unser Herz abgestumpft und unempfindlich ist, wird die Welt flach und eintönig. Das empfindliche und achtsame Herz sieht Sinn und Wert in allen Dingen. Es ist nicht auf Drama oder Intensität angewiesen, um sich wach und lebendig zu fühlen, sondern es schöpft aus Empfänglichkeit, Stille und uneingeschränkter Präsenz in diesem Moment.

Es gibt eine starke Verbindung zwischen Achtsamkeit und Freude und ihrer Auswirkung auf unsere Wahrnehmung. Wahrnehmung ist eine notwendige Funktion des Bewusstseins. Sie erlaubt uns, die Welt zu kennen, das heißt, sie bringt uns dazu, in angemessener Weise auf dem Stuhl zu sitzen, anstatt zu versuchen, uns auf einen Busch zu setzen. Wahrnehmung führt uns nach Hause zur richtigen Adresse, lässt uns unsere Kinder erkennen und hilft uns, uns in Sicherheit durch die Welt zu steuern. Wenn wir lernen, mit der Natur unseres Geistes vertrauter zu werden, dann sehen wir, wie Wahrnehmung sich wandelt, anstatt orientierend und angemessen zu sein, entsteht rasch ein Prozess, in dem alles, was wir sehen, hören, fühlen und berühren, verzerrt wird. Jemand, der uns in der Vergangenheit verletzt hat, betritt den Raum; wir sehen die Person und eine Flut von schmerzhaften Erinnerungen steigt auf. Wir sehen nicht die Person, wie sie jetzt ist, sondern erleben unsere Geschichte mit ihr wieder. Wir haben die Person in unserer Wahrnehmung eingefroren als Abbild einer unsensiblen, rauen Person, mit der wir nichts zu tun haben wollen. Eine Schülerin kehrte zu einem Retreatzentrum in den Schweizer Alpen zurück und hoffte auf die Freude angesichts des wunderbaren Panoramas, das sie im vorangegangenen Jahr so genossen hatte, um festzustellen: »Es ist nicht so schön, wie ich es in Erinnerung hatte.« Wir sehen, wie schnell wir Bilder, Geräusche, Gerüche, Geschmäcker und Berührungen mit Assoziationen und Erinnerungen verbinden. Wahrnehmung wird beladen mit reflexartigem Mögen und Nicht-Mögen, mit Etiketten von Gut und Schlecht, mit Angst und Sorge. Eine verzerrte Wahrnehmung strukturiert unsere Welt emotional – in Freunde, Feinde, Wünschenswertes und Unerwünschtes. Gebannt durch unsere Gewohnheiten, die durch Wahrnehmung gesteuert werden, sehen wir selten etwas aufs Neue, und Neugier entschwindet aus unserem Leben. Die Gegenwart wird immer wieder von der Vergangenheit überlagert. Menschen sind für alle Ewigkeit festgeschrieben und werden nur noch durch die Bilder und Erinnerungen betrachtet, mit denen wir sie beladen. Erfahrungen, Ereignisse und sogar wir selbst werden festgehalten und erstarren in unseren Bildern und Gedanken ihnen gegenüber.

Achtsamkeit lehrt uns, die Verbindung zwischen unserer Wahrnehmung und den ihr zugrunde liegenden Tendenzen und Beurteilungen zu durchbrechen. Indem wir alles mit unseren Erinnerungen und Assoziationen überlagern, versuchen wir, die Welt sicherer erscheinen zu lassen und somit vertrauter zu machen. Das ist ein Prozess, der es aber verhindert, diesen Moment vollständig zu erleben, frisch auf die Gegenwart einzugehen und das, was ist, wertzuschätzen. Sind wir achtsam, dann betritt die Person, die uns in der Vergangenheit verletzt hat, den Raum, und wir spüren vielleicht den alten Schmerz hochkommen. Wir umsorgen diesen Schmerz, nehmen aber auch die Möglichkeit wahr, von diesem Schmerz nicht eingenommen zu sein. Vielleicht ist diese Person nicht mehr, wer er oder sie war; vielleicht bin ich nicht mehr dieselbe Person, die ich war. Einer meiner ersten Lehrer sagte: »Der Gedanke an deine Mutter ist nicht deine Mutter.« Wir können die Weisheit dieser Worte auf alle Ereignisse und Menschen, die uns begegnen, anwenden und ebenso auf uns selbst: »Meine Gedanken über mich sind nicht ich selbst.«

Wir kehren in die Berge zurück ohne die Erwartung, eine vergangene emotionale Erfahrung zu wiederholen, aber mit der Bereitschaft, die sich in der Gegenwart entfaltende Aussicht zu betrachten. Neugier findet sich nicht im Wissen und selten in Vertrautheit. Das, was ist, wertzuschätzen, anstatt in dem zu verweilen, was war, schafft Raum für Freude und Verwunderung. Tatsächlich ist das keine leichte Aufgabe; es bedarf einer tiefen Verpflichtung, in allen Momenten unseres Lebens wach zu sein. Es ist eine Verpflichtung zu einem Weg des Erwachens, um alle Momente von der Last der Geschichte zu befreien, um neu hinzusehen und auf neue Art und Weise unser Leben zu leben. Um Freude zu erfahren, müssen wir nicht exotische ferne Orte bereisen oder nach neuartigen Erfahrungen jagen; mit neuen Augen und einem empfänglichen Herzen, das in Nicht-Wissen verwurzelt ist, können wir lernen, dem Ort, wo wir uns bereits befinden, Aufmerksamkeit zu schenken.

Der Neurologe Oliver Sacks erholte sich von einer Beinverletzung, als er über die Freude schrieb, die er in der erzwungenen Stille entdeckte, während er auf einer Steinbank in seinem Garten saß und seine Pfeife anzündete.

> Ich hatte niemals zuvor die Muße, eine Pfeife anzuzünden, oder so schien es mir, zumindest nicht in den letzten vierzehn Jahren. Nun hatte ich plötzlich ein immenses Gefühl von Muße, eine »Uneiligkeit,« eine Freiheit, die ich fast vergessen hatte – die nun aber zurückgekehrt war und als

das wertvollste Gut in diesem Leben erschien. Da war ein intensives Gefühl von Stille, Friedlichkeit, Freude, ein reines Entzücken des »Jetzt«, frei von Drang oder Verlangen. Jedes einzelne, herbstlich gefärbte Blatt auf dem Boden war mir intensiv bewusst, das Paradies um mich herum war mir intensiv bewusst. Ich fühlte mich wie Adam, der erstaunt eine neue Welt betrachtet. Ich hatte nicht gewusst oder vergessen, dass es da, in jedem Moment, eine solche Schönheit, eine solche Vollständigkeit geben konnte.[14]

• DIE ÜBUNG •

Bringen Sie absichtsvoll Ihre Achtsamkeit zu einer Wegstrecke, die Sie regelmäßig gehen oder fahren: der Fußweg zur Arbeit; die Fahrt, um Besorgungen zu machen; die Zeit, die Sie im Zug verbringen. Verpflichten Sie sich dazu, still und von ganzem Herzen präsent zu sein. Lenken Sie Ihre Aufmerksamkeit auf das, was Sie sehen, seien Sie ganz präsent, was immer da zu sehen ist. Bemerken Sie Formen und Farben, schenken Sie der Sonne auf dem Boden oder dem Regen, der über die Blätter spült, Ihre Achtsamkeit. Nehmen Sie wahr, wie Achtsamkeit die Welt dieses Augenblicks erleuchtet. Sehen Sie mit Empfänglichkeit, atmen Sie mit Empfänglichkeit. Erlauben Sie sich, sich von den einfachen Momenten von Schönheit, die sich jeden Tag in Ihrem Leben zeigt, berühren zu lassen und sich daran zu erfreuen.

Zufriedenheit

Zufriedenheit ist einer der Grundsteine von Freude. So viel Zeit unseres Lebens verbringen wir damit, mit unseren Plänen, unserer Vorwegnahme und unseren Erwartungen schon im nächsten Moment zu sein. Wir warten darauf, dass eine Sache vorbeigeht und eine andere anfängt, ersehnen den besseren und erfüllenderen Moment. Schwung und Bewegung scheinen dem Leben einen Sinn zu geben. Unsere Aufmerksamkeit ruht auf unseren Hoffnungen und Träumen, und wir leben in Erwartung zukünftiger Freude. Wir sind anfällig für Langeweile und verzaubert von Aufregung und Intensität. Zufriedenheit mag uns als eine Belohnung erscheinen, wenn sich unsere Wünsche und vielfältigen Bedürfnisse erfüllen. In unserer Abhängigkeit von Aufregung kann uns Zufriedenheit sogar als unerwünscht erscheinen, ein Zustand der Benommenheit ohne Bedeutung oder Richtung. Die Qualität der Zufriedenheit, von der im Zusammenhang mit Freude gesprochen wird, ist jedoch keine passive, schwerfällige, mit der wir zu einem Leben von Routine und Stumpfheit resignieren – wie grasende Kühe auf einem Feld. Sie besteht nicht darin, Kreativität, Lebendigkeit oder Ziele aufzugeben, sondern ist vielmehr der Grund und Boden für echte Lebendigkeit und Kreativität.

Ein zufriedenes Herz ist ein Herz, das mit sich selbst in Frieden ist. Die Umstände und Bedingungen in unserem Leben müssen nicht perfekt sein, damit Zufriedenheit sich einstellen kann. Sie ist die Kunst, in dem, was präsent ist, zu ruhen. Zufriedenheit heißt nicht, dass es keine Schwierigkeiten oder Herausforderungen gibt, sondern dass wir dem Schwierigen und Herausfordernden nicht mit Widerstand und Streitigkeit begegnen. Wir merken, Zufriedenheit zeigt sich in einem Geist, der ein Freund ist – ein Ort der Zuflucht und Zuversicht. In vielen spirituellen Traditionen beginnt die Schulung mit Zufriedenheit. Die Mönche oder Nonnen führen ihr Leben so, dass selbst ihr Überleben von der Großzügigkeit anderer abhängig ist. So lernen sie, zufrieden zu sein mit jedem Essen, das ihnen geschenkt wird, jeder Kleidung, die ihnen dargebracht wird, und jeder Unterkunft, die gewährt wird, selbst wenn ihnen gar keine gewährt wird. In dem monastischen Leben ist die Fähigkeit, in innerer Zufriedenheit zu verweilen, der entscheidende Faktor, ob dies ein Leben von Entbehrung oder von Reichtum wird. Die zentrale Belehrung besteht darin, nicht länger einzuwilligen, dass die Welt der Bedingungen, ob Nahrung, Kleidung oder Erfahrungen, der Torhüter unseres inneren Glücks und unserer Freiheit bleibt. Der schwierige Nachbar besitzt nicht die Macht, uns unglücklich zu machen, und der ideale Urlaub birgt nicht den Schlüssel zu unserem Glück. Glück und Unglück werden aus dem Inneren geboren.

Eine spirituelle Tradition rät ihren Praktizierenden, in jedem Moment der Unzufriedenheit innezuhalten und sich selbst zu fragen, »Was fehlt in diesem Moment?« Uns selbst in Momenten von Unzufriedenheit diese Frage zu stellen, kann eine lange Liste hervorbringen, was uns fehlt und was wir brauchen, um glücklich, fröhlich und zufrieden sein zu können. Vielleicht sagen wir, wir brauchen einen anderen Körper, einen anderen Geist, andere Beziehungen oder ein anderes Leben, um zufrieden zu sein. Die Aufzählung dessen, wie andere Menschen sich ändern und wie sich die Bedingungen unseres Lebens wandeln müssen, nimmt gefühlt kein Ende. Innere Unzufriedenheit wird immer wieder endlose Listen hervorbringen, und wir können durchs Leben gehen und voll und ganz mit dem beschäftigt sein, was wir nicht haben oder niemals erhalten haben.

Zufriedenheit heißt nicht, den tiefen Schmerz zu leugnen, den das Gefühl mit sich bringt, dass es nicht genug Liebe,

Unterstützung und Akzeptanz in unserem Leben gibt. Dennoch sind wir gerade hier, in dem einzigen Leben, das wir leben können, und hier wählen wir von Moment zu Moment, wo unser Herz verweilen wird: in Verbitterung und Entbehrung oder in Zufriedenheit. Indem wir lernen, in Momenten der Unzufriedenheit innezuhalten, können wir beginnen wertzuschätzen, dass wir in diesem Moment möglicherweise alles haben, was es braucht, um Freundlichkeit, Mitgefühl und Zufriedenheit wachsen zu lassen. In den schlimmsten Umständen lernen Menschen, ihrem Leben nicht mehr mit Abneigung, sondern mit Mitgefühl und Gelassenheit zu begegnen. Dadurch vertieft sich Zufriedenheit ebenso wie unsere Fähigkeit, wirksam auf all das, was wirklich unakzeptabel ist, zu reagieren. Zufriedenheit hat damit zu tun, das Leiden eines Herzens zu beenden, das nach Perfektion sucht in einem Leben, das durch seine veränderliche und unbeständige Natur niemals perfekt sein kann. Zufriedenheit lehrt uns, der Torhüter unseres eigenen Herzens zu sein, und vermittelt uns den Frieden, den wir dadurch finden können. Zufriedenheit ist keine Schwäche, sondern eine Stärke. Wir lernen dabei eine der wichtigsten Belehrungen des Erwachens: in den veränderlichen Bedingungen der Welt zu ruhen.

Unzufriedenheit hat sowohl einen schöpferischen wie auch einen zerstörerischen Aspekt. Angesichts unserer sich wiederholenden und üblichen Reaktionen sind wir gelegentlich zutiefst und klugerweise unzufrieden. Wir wollen uns nicht als Gefangene einer schmerzhaften und begrenzenden Seinsweise fühlen. Resignation und Beurteilung sind Aspekte einer zerstörerischen Unzufriedenheit, die dazu dient, den Kreislauf von Abneigung, Geschichte und Mutlosigkeit aufrechtzuerhalten. Untätigkeit und Hoffnungslosigkeit sind Symptome dieser zerstörerischen Unzufriedenheit. Wir betrachten die Welt mit all ihrem Übel, lassen alle

Hoffnung los und glauben, dass wir keinen Unterschied machen können. Wir betrachten unser eigenes, chaotisches und turbulentes Herz und glauben, dass wir uns nicht ändern können. Also geben wir uns der Verzweiflung hin und suchen Ablenkung. Der nahe Feind der Unzufriedenheit ist Trägheit, die dazu führt, dass wir uns von dem Leben zurückziehen.

Es gibt auch eine Resonanz, die einer Kenntnis unseres Herzens entspringt und sich als schöpferische Unzufriedenheit zeigt. Ein Freund merkte einst an, als er die wiederkehrende Natur vieler seiner Gedanken und Reaktionen sah, sich auf den Weg der Achtsamkeit gegenüber seinem eigenen Geist zu begeben sei ähnlich wie sich freiwillig zu melden, eine Beleidigung nach der andern zu ertragen. Doch es war genau dieses Gewahrsein, das ihn inspirierte, durchzuhalten und die veredelnden Qualitäten von Freundlichkeit, Mitgefühl und Gelassenheit zu kultivieren. Da tauchte Freude auf, als er sah, dass sich die Muster von Reaktivität begannen aufzulockern. Es ist diese schöpferische Unzufriedenheit, die uns dazu führt, das Unakzeptable zu verneinen, uns zu verpflichten, Leid und seine Ursachen zu beenden und uns auf den Pfad zu begeben, der dem Erwachen unserer Welt gewidmet ist.

• DIE ÜBUNG •

Nehmen Sie sich einige Momente Zeit, um still zu werden. Erlauben Sie Ihrem Körper und Geist, in diesem Moment anzukommen. Spüren Sie die Lebendigkeit Ihres Körpers, die Bereiche von Leichtigkeit und die Bereiche von Anspannung. Lauschen Sie Ihrem Geist mit seinen Wellen von Gedanken und Vorstellungen.

Vernehmen Sie den Tonfall Ihrer Gedanken – die lieblichen und die von Unzufriedenheit gefärbten. Bringen Sie eine einfache Frage in die Stille. Was fehlt in diesem Moment? Was bedarf es von mir, um Zufriedenheit präsent sein zu lassen?

Zuversicht

Es macht Freude, zu beobachten, dass Abneigung, Angst und Zweifel sich beruhigen und wegfallen. Freude liegt auch darin, zu entdecken, dass wir ein klein bisschen weniger beurteilend, ungeduldig oder angespannt sind. Die großen politischen und sozialen Wandlungen in der Menschheitsgeschichte entsprangen schöpferischer Unzufriedenheit. Nicht länger gewillt, das Unakzeptierbare zu akzeptieren, das Menschen untereinander spaltet – Ungerechtigkeit, Armut und Unterdrückung – kultivieren wir Wege, um Veränderung herbeizuführen. Wenig Veränderung entstand durch Zorn und Hass; viel ist Verständnis und Mitgefühl entsprungen. Wir lernen, unser Bestreben, unser Bemühen und unseren Mut, unsere Herzen und die Welt von den Ursachen von Schmerz zu befreien, anzuerkennen und zu feiern. Der Buddha hat einst gesagt: »Dies ist ein Weg von Glück, der zu dem höchsten Glück führt. Das höchste Glück ist Frieden.« Wir lernen, weniger besorgt zu sein von den Ergebnissen unserer Handlungen und Bemühungen und zuversichtlicher, dass das Bemühen selbst würdig ist. Zuversicht auf dem Weg, den wir gehen, bringt Freude, Bestreben bringt Freude; und zu wissen, dass jeder Moment der Fürsorge und des Mitgefühls wirklich zählt, bringt Freude.

Lassen Sie sich in einer Haltung von Wachheit nieder und lassen Sie Körper und Geist still werden. Bringen Sie Ihrer Bereitschaft, dem Moment zu begegnen, wie auch immer er ist, Wertschätzung entgegen. Nehmen Sie sich einige Augenblicke Zeit, um Ihren Geist zu Ihren tiefsten Bestrebungen und Werten zu geleiten – zu Ihrer Sehnsucht, ein wachsames, engagiertes und mitfühlendes Leben zu führen. Bemerken Sie die Momente, in denen Sie diesen Wunsch in kleinen und größeren Gesten der Großzügigkeit und Fürsorge verkörpert haben.

Dankbarkeit

Dankbarkeit ist einer der Bausteine, der unser Herz der Freude zuneigt. Viele spirituelle Gemeinschaften beginnen ihren Tag damit, in Dankbarkeit alles, was sie erhalten haben, zu besingen. Tibetische Mönche und Nonnen bringen auch inmitten der Not Dankbarkeit dar, indem sie sagen: »Gewähre, dass mir angemessene Schwierigkeiten gegeben werden, damit mein Herz von Mitgefühl erweckt werden möge.« Gemeinschaften amerikanischer Ureinwohner danken mit Liedern für den Regenfall, das Wachsen von Gras und die Fische in den Flüssen. Martin Luther King schrieb: »Ob wir es begreifen oder nicht, jeder von uns lebt für immer in roten Zahlen. Wir sind ewige Schuldner bekannten und unbekannten Männern und Frauen gegenüber. Wenn wir am Morgen aufstehen und ins Bad gehen, greifen wir nach einem Schwamm, der uns von Insulanern aus dem Pazifik besorgt wurde. Wir greifen nach einer Seife, die von Europäern hergestellt wurde. Am Frühstückstisch trinken wir Kaffee, den wir von Südamerikanern erhalten haben, Tee von Chinesen oder Kakao von Westafrikanern. Bevor wir noch das Haus verlassen haben, sind wir bereits mehr als der halben Welt verschuldet.«

Es ist hilfreich, in unserem Tag immer wieder innezuhalten und zu erfahren, dass unser Leben ein Geschenk vieler Menschen ist. Das ist weder sentimental noch eine Leugnung der großen Not in Vergangenheit und Zukunft. Es geht darum, eine Entscheidung zu treffen, was wir kultivieren und wo wir uns einrichten wollen, in der Verbitterung oder in Dankbarkeit. Wir sind dankbar anderen gegenüber, und wir lernen, uns bei uns selbst zu bedanken. Die vielen Anstrengungen, die wir unternehmen, und die Momente, in denen wir uns entscheiden, hellwach zu sein anstatt zu schlafen, sind es wert, unsere Dankbarkeit zu erhalten; wir sind auch unseren Freunden gegenüber und denen, die uns wohlgesonnen sind, dankbar, und gelegentlich wissen wir auch, dass es die schwierigsten Menschen und Ereignisse in unserem Leben waren, die uns ermutigt haben, den nächsten Schritt auf unserem Pfad zu machen, ein waches und mitfühlendes Leben zu führen.

Ich traf eine Freundin, die ich einige Zeit nicht gesehen hatte. Sie hatte ein katastrophales Nierenversagen erlitten und verbrachte jede Woche viele Stunden bei der Dialyse. Sie erzählte mir, dass ihr einer der lokalen Geschäftsinhaber, den sie nur flüchtig kannte, eine seiner Nieren angeboten hatte, die für sie perfekt passend war. Ich sah die enorme Dankbarkeit in ihren Augen, und innerlich spürte ich eine Welle von Freude an der einfachen, aber tiefgründigen Gutherzigkeit eines anderen Menschen. Vielleicht haben wir keine solch tiefe, lebensverändernde Großzügigkeit erfahren, aber wir lernen, dankbar zu sein für die Nahrung, die wir essen, das Wohlwollen von Fremden, die Luft, die wir atmen, und das

Leben selbst. Freude ist nicht immer so weit entfernt, und wir entdecken viele Wege, wie wir Raum für Freude machen können.

Rumi, der große Sufi-Dichter, schrieb:

Wie auch an jedem anderen Tag,
erwachen wir heute leer und ängstlich.
Öffne nicht gleich die Tür zum Arbeitszimmer und
beginne zu lesen.
Nimm dir ein Musikinstrument.
Lasst uns die Schönheit, die wir lieben, das sein, was wir tun.
Es gibt hunderte Wege zu knien und den Boden zu küssen.

• DIE ÜBUNG •

Widmen Sie sich einige Momente der Stille und Empfänglichkeit. Erlauben Sie Ihrem Körper und Geist zur Ruhe zu kommen. Vergegenwärtigen Sie sich den Segen all des Guten im Leben, auch inmitten aller Herausforderungen. Erinnern Sie sich in Dankbarkeit an die vielen Menschen, die uns unser Leben hindurch unterstützt und bestärkt haben. Vergegenwärtigen Sie sich in Dankbarkeit die Momente von Anmut und Schönheit in der Natur. Erinnern Sie sich in Dankbarkeit an die Großzügigkeit anderer Menschen. Vergegenwärtigen Sie sich in Dankbarkeit das Maß an Sicherheit und Wohlbefinden, das wir haben. Vergegenwärtigen Sie sich in Dankbarkeit unsere Fähigkeit, das Leben anderer mit Liebe und Fürsorge zu berühren.

Indem wir der Freude in unserem Herzen die Grundlage bereiten, können wir beginnen, unsere Aufmerksamkeit der besonderen Dimension von Freude zuzuwenden, die in den Belehrungen zu den Brahmaviharas hervorgehoben und betont wird. Mudita ist eine empathische oder wertschätzende Freude, die das Glück und die Zufriedenheit der Menschen, die wir in unserem Leben antreffen, feiert. Das von Eifersucht, Verbitterung, Begehrlichkeit und Unzufriedenheit befreite Herz fängt an, die grenzenlose Großzügigkeit zu empfinden, die sich am Wohlbefinden eines anderen ehrlich erfreuen kann. Unsere Nachbarn fahren in den Urlaub, während wir zu Hause bleiben und die Garage aufräumen, und wir freuen uns aufrichtig für sie. Das Kind eines Freundes schneidet bei Prüfungen besser ab als unser eigenes, und wir feiern seinen Erfolg. Wir hören zufällig das Lachen eines Kindes, sehen ein Liebespaar sich umarmen, beobachten einen Vogel, der seiner Verfolgung durch einen Feind entkommt, und unser Herz ist voller Freude.

Ebenso wie Mitgefühl unser Herz angesichts von Schmerz und Stress erbeben lassen kann, kann unser Herz auch vor Glück erbeben. Wir wissen, wie es ist, Glück und Fröhlichkeit mit einem anderen Menschen zu teilen. Wertschätzende Freude ist nicht angewiesen auf dramatische Momente, sondern ist eine stille Feier des Lebens selbst. Ein singhalesischer Text aus dem achtzehnten Jahrhundert formuliert diese Qualität von Freude so:

> Wie wunderbar du in deinem Wesen bist
> Ich bin entzückt, dass du hier bist
> Ich erfreue mich an deinem Glück
> Möge deine Zufriedenheit andauern.[15]

Anfänglich mögen uns diese Formulierungen sentimental erscheinen, etwas, was wir vielleicht angesichts eines neugeborenen Kindes oder einer kuscheligen Katze empfinden würden. In Wirklichkeit sind sie der Ausdruck tiefster Großzügigkeit, Selbstlosigkeit und Wertschätzung. Diese Formulierungen deuten an, dass niemand Wertschätzung erst verdienen, erwerben oder ihrer würdig werden muss – es ist alleine ausreichend, ein lebendiges, atmendes und fühlendes Menschenwesen zu sein. Die Formulierungen und ihre Absichten beschäftigen sich nicht mit der Geschichte einer anderen Person, ihrer Vergangenheit, ihren Präferenzen oder ihrem Auftreten. Sie sind Wege, den Menschen vor uns mit all seiner Sehnsucht nach Sicherheit und Glück, all seinen Wünschen, frei von Schmerz und Leid zu sein, anzuerkennen.

Die Absichten, die in der Übung zu wertschätzender Freude ihren Ausdruck finden, haben zwei Aspekte. »Wie wunderbar du in deinem Wesen bist / Ich bin entzückt, dass du hier bist« weist auf die grenzenlose Natur grenzenloser Freude hin. Mit Achtsamkeit, Freundlichkeit und Mitgefühl wird die Person vor uns aus ganzem Herzen betrachtet, ihr aus ganzem Herzen Aufmerksamkeit geschenkt, in all ihrer Komplexität. Wir mögen den Menschen kennen oder nicht, aber wir betrachten, wertschätzen und feiern das Leben jedes und jeder Einzelnen. »Ich erfreue mich an deinem Glück / Möge deine Zufriedenheit andauern« bringt unser tiefstes Bestreben zur Sprache, dass die Person vor uns einen Weg findet, in bleibendem Glück zu verweilen.

Wertschätzende Freude bringen wir nicht nur anderen entgegen, sondern gleichermaßen auch uns selbst. Wir könnten uns einige Momente Zeit nehmen, um ruhig zu sitzen und zu spüren, wie wir auf jemanden reagieren würden, der uns diese unverzügliche und uneingeschränkte Wertschätzung entgegenbringt. Wir könnten auch die Resonanz erkunden, die auftauchen würde, wenn wir diese Absichten uns selbst gegenüber anbieten würden.

Wie wunderbar bin ich in meinem Wesen
Ich bin entzückt, dass ich da bin
Ich erfreue mich an meinem Glück
Möge meine Zufriedenheit andauern.

Möglicherweise hören wir innerlich sofort den Einwand: »Ich bin doch nicht gut genug.« »Ich verdiene das doch nicht.« »Das ist aber eigensüchtig.« Wir können erschaudern, uns verlegen oder widrig fühlen und uns abwenden von dieser innerlich dargebrachten Wertschätzung. Als er über grenzenlose Freundlichkeit sprach, sagte der Buddha, dass wir die gesamte Welt absuchen könnten, und wir würden niemanden finden, der unsere Freundlichkeit und unser Wohlwollen mehr verdiente als wir selbst. Dasselbe gilt für wertschätzende Freude. Wir alle haben unsere Schwierigkeiten in diesem Leben; Trübsal und Widrigkeit suchen uns heim, und dennoch wachen wir jeden Morgen auf und werden aufgefordert zu wählen, wo wir unser Zuhause schaffen werden – in Wertschätzung oder in Missgunst, in Großzügigkeit oder in Zurückhaltung, in Freude oder in Verbitterung. Wir entscheiden, was wir mit unserer Aufmerksamkeit tun werden. Wir lernen, das Schwierige zu umsorgen, ohne das Leichte aus den Augen zu verlieren. Wir lernen, dem Spektrum der Schwierigkeiten, die auftauchen, mit Mitgefühl und Freundlichkeit zu begegnen. Wir lernen ebenso, wann es notwendig ist, innezuhalten, mit Empfindlichkeit zu schauen und zu lauschen, und alles, was in diesem Augenblick unser Herz erfreut, zu feiern.

Wir können lernen, dass ein friedliches Nebeneinander von Schwierigem und Schönem, von Traurigkeit und Fröhlichkeit, von Widrigkeit und Leichtigkeit auch für uns möglich ist. Achtsamkeit, Freundlichkeit, Mitgefühl und Freude sind wie unterschiedliche, aber miteinander verflochtene Melodien, die ein ganzes

Lied ausmachen. Sie sind nicht linear, sondern verstärken sich und gleichen sich gegenseitig aus. Wenn das Herz angesichts von Schmerz wund ist, dann erinnern wir uns daran, Raum für Freude zu schaffen. Wenn wir in unserer Würde angetastet oder harsch beurteilt werden, dann erinnern wir uns daran, dass unser Herz sich empathisch für diesen Schmerz öffnen kann, und wir können uns mit diesem Kummer anfreunden, anstatt ihn abzuwenden. Wertschätzende Freude lädt uns ein, den Kreis unseres Gewahrseins auszudehnen und uns von den vielen kleinen Momenten des Wohlbefindens, Segens und Glücks, die uns täglich begegnen, berühren zu lassen. Wir finden Fröhlichkeit inmitten der Fröhlichkeit anderer, Freude in dem Glück anderer und Wertschätzung für die vielfältige Art und Weise, auf die unser Leben und unser Herz vom Leben und Herzen anderer berührt werden. Selbstlose Freude entspringt nicht großer und heldenhafter Anstrengungen, sondern entsteht, wenn wir unser Herz in jedem Moment für Mitgefühl, Fröhlichkeit, Wertschätzung und Wachheit öffnen.

4

Gelassenheit

Gelassenheit schenkt Metta Selbstlosigkeit, verleiht Mitgefühl Geduld, Mut und Furchtlosigkeit, beschützt Freude vor Sentimentalität und bringt all die veredelnden Qualitäten des Herzens in Befreiung zusammen.

Indem wir Metta kultivieren, lernen wir, allen Ereignissen und Menschen in unserem Leben mit grenzenloser Freundlichkeit zu begegnen. Mitgefühl lehrt uns, uns allen Dingen und Menschen, allem Kummer und Stress mit offenem Herzen zuzuwenden und zuzulassen, dass es berührt wird angesichts der Verpflichtung, Leid und die Ursachen des Leids zu lindern und Stille in das schmerzhafte Chaos zu bringen. Freude brauchen wir, um die Rauheit und den Schmerz weich werden zu lassen, die unser offenes Herz erfahren kann, und um uns zu regenerieren und zu erneuern. Mit Gelassenheit können wir verstehen, was es bedeutet, inmitten aller Erfahrung mit unerschütterlichem Gleichmut zu stehen, empfänglich und doch unversehrt zu sein.

Das Pali- oder Sanskrit-Wort für »Gelassenheit« findet sich in einigen unterschiedlichen Übersetzungen, die versuchen, seine Bedeutung zu erfassen: »zu überschauen«, »ein Wächter/Beschützer von etwas zu sein«, mit Geduld zu betrachten und inmitten des Lebens mit grenzenloser Gelassenheit und Ausgeglichenheit zu stehen. Einige beziehen sich auf Gelassenheit als geräumige Stille des Herzens. In den frühen Texten wird Gelassenheit gelegentlich synonym mit *nibbana* verwendet oder mit »unerschütterlicher Befreiung.« Gelassenheit lässt Freundlichkeit, Freude oder Mitgefühl nicht hinter sich, sondern ist von diesen Qualitäten erfüllt und damit vor Gleichgültigkeit oder Gefühlskälte gerettet. Wie Freundlichkeit, Mitgefühl und Freude ist Gelassenheit kein Zustand, sondern wird beschrieben als eine Art und Weise, mit dem Leben in Beziehung zu treten, die auf einem tiefgründigen Verständnis über Veränderung, Unberechenbarkeit und Wesenlosigkeit beruht, also der immanenten Natur im Herzen aller Ereignisse und Erfahrungen. Inmitten all dessen kann dieses Herz verweilen, vollkommen befreit von Gier, Hass und Verblendung, die zu Leid und Verzweiflung führen.

Wir stehen schon inmitten dieses Lebens. Es gibt keinen anderen Ort, an dem wir stehen könnten. Wir können uns selbst im Mittelpunkt eines Mandalas vorstellen, umgeben von jenen, die wir lieben, jenen, mit denen wir zu kämpfen haben, und den zahllosen uns unbekannten Wesen. Wir können uns vorstellen, dass wir von den »zehntausend Freuden und Sorgen« umgeben sind, die jedes menschliche Leben berühren. Wenn wir unseren Geist zurück in die Vergangenheit bringen, erfahren wir etwas über den Fluss der Ereignisse, die uns zum gegenwärtigen Moment in unserem Leben gebracht haben – über die Menschen, die wir geliebt und verloren haben, die Freuden und die Enttäuschungen, die Handlungen, die wir ausgeführt und unterlassen haben, die Höhen und die Tiefen, die alle Teil unseres Lebens waren. Wir schauen in die Zukunft und wissen, dass die einzige Gewissheit unser Tod ist, und wir wissen weder wann noch wie. Wir wissen, dass wir aufgefordert sind, uns mit diesem Leben einzulassen. Wir können nicht vorhersagen, welche Schwierigkeiten und Freuden die Zukunft oder alleine der nächste Moment mit sich bringen wird.

Wir kehren zurück zu der Erkenntnis, dass alles, was wir jetzt sind, das Resultat von alldem ist, was wir in der Vergangenheit gewesen sind und erfahren haben, und gelangen zu der Erkenntnis, dass alles, was wir in der Zukunft sein werden, das Ergebnis davon sein wird, wer und wie wir jetzt sind. Gelassenheit ist nicht ein Zustand oder eine Errungenschaft in der Zukunft, sondern eine Art, mit allem, was sich in diesem Moment zeigt, in Beziehung zu treten. Indem wir die Samen der Gelassenheit säen, die in einem tiefen Verständnis der Natur des Lebens verwurzelt ist, beteiligen wir uns daran, unser Herz in diesem Augenblick zu kultivieren, der den nächsten Augenblick hervorbringen wird.

Indem wir das Feld unserer Aufmerksamkeit und unserer Fürsorge ausweiten, nehmen wir all jene wahr, die uns umgeben, die Bekannten und Unbekannten, die in der Mitte ihres eigenen Mandalas stehen, sich manchmal mit unserem überschneiden und uns manchmal unbekannt bleiben. Doch alle unsere Mandalas überschneiden sich in der Erfahrung von Verletzlichkeit, Alter, Krankheit und Tod. Alle Menschen teilen die Erfahrung, einen Geist zu haben, der zu tiefem Mitgefühl und Verständnis und zu großer Verzweiflung, Angst und Verwirrung in der Lage ist. Wir teilen die menschliche Sehnsucht, frei von Schmerz und Sorge zu sein, auch wenn wir wissen, dass es in unserem Leben weiterhin Schmerz und Sorge geben wird. Die Mandalas unseres Lebens treffen sich auch im Wunsch, sicher und zufrieden zu sein, auch wenn wir wissen, dass dies nicht immer so sein wird.

Sie überschneiden sich auch in der Sehnsucht, die, die wir lieben, vor Leid und Stress beschützen zu wollen, auch wenn wir wissen, dass dies unsere Kraft übersteigt. Gelassenheit ist die große Fähigkeit, diesen Widerspruch anzunehmen.

Der Buddha spricht in dem Jata Sutta davon, die Verwirrung aufzulösen:

> Verwirrung im Inneren,
> Verwirrung im Außen,
> Menschen sind in der Verwirrung verloren.
> Gotama, ich frage dich folgendes:
> Wer kann diese Verwirrung auflösen?
> [Der Buddha:] Eine Person, die in Tugend begründet ist,
> Unterscheidung und Achtsamkeit entwickelt,
> Begeistert und klar.
> Sie kann diese Verwirrung auflösen.
> Jene, deren Leidenschaft, Abneigung und Unwissenheit
> Abgeklungen sind.
> Für sie ist die Verwirrung aufgelöst.[16]

Wir betrachten die Welt um uns herum mit all ihren Konflikten, ihrer Grausamkeit und dem menschlichen Leid. Wir stehen am Rand eines Abgrunds, da unser Planet und unser Klima an unserem ungebändigten Konsum leiden. Wir sehen die unzähligen Leben, die davon betroffen sind, wie Ideologien und Glaubensüberzeugungen aufeinandertreffen. Streit und Verwirrung scheinen endlos. Wir schauen uns unsere eigene Familie und unsere Beziehungen näher an, und alle Möglichkeiten der Entfremdung, des Missverständnisses und der Auseinandersetzung – das ganze schmerzliche Gemisch. Wir wissen, wir können nicht alles reparieren. Uns wird klar, wie dringlich und notwendig es ist, der ganzen

Verwirrung, in der wir uns wiederfinden, so viel Freundlichkeit und Mitgefühl wie möglich entgegenzubringen. Wir lernen, dass unser Beharren darauf, dass das Leben, die anderen Menschen und wir selbst anders sein mögen als sie sind, unmittelbar dazu führt, dieses Gewirr zu vergrößern. Wir können beginnen, inmitten dieses Chaos innere Stille und Gelassenheit zu entdecken. Das ist das Geschenk der Gelassenheit.

Unser Leben ist wie Treibsand, unberechenbar und ungewiss. Wir wissen das, doch allzu oft wenden wir uns aus Angst und Verleugnung von dieser einfachen Wahrheit ab. Wir wissen, dass wir uns nicht aussuchen können, nur angenehme Menschen in unserem Leben zu haben, ausschließlich schöne Erfahrungen, endlose Gesundheit und Unsterblichkeit. Wir wissen, dass unsere Welt in einem Augenblick zerbröseln kann – doch oft möchten wir es lieber nicht wissen, und investieren heldenhafte Anstrengungen, um Abwehrmechanismen gegen Veränderung und Unsicherheit zu erbauen. Doch auch diese sind auf Sand gebaut. Jeden Tag werden unsere Sinne mit Tausenden Bildern, Geräuschen, Gerüchen, Empfindungen und Gedanken geflutet. In der Welt der Bedingungen und des Wandels gibt es wenig, was wir kontrollieren können, ganz gleich wie tapfer wir uns bemühen. Wir lernen auch, dass wir nicht hilflos sind. Jedes Menschenherz enthält die Samen von Resilienz und Ausgeglichenheit und die Fähigkeit zu Befreiung und Einsicht. Das Vermögen, mit Gelassenheit mitten in unserem Leben zu stehen, beruht darauf, diese Samen zur Reife zu bringen.

Eine meiner Schülerinnen erzählt mir, wie sie früher im Himalaya meditierte. Auf der Suche nach einem friedlichen Geist fand sie eine abgelegene Hütte an einem Berghang. Doch dort fand sie die Einheimischen, die mit ihren Tieren vorbeizogen, zu aufdringlich, also zog sie in eine noch abgelegenere Hütte weiter oben in die Bergen. Auch hier fühlte sie sich durch die Wildtiere in der Meditation gestört, sodass sie nicht den Frieden fand, den sie ersehnte. Sie zog weiter und fand ein entlegenes und verlassenes Tierheim. Dort legte sie Decken über die Fenster und ließ sich schließlich zur Meditation nieder, um den Frieden zu finden, der sich als so schwer zu erreichen herausgestellt hatte. Sie ahnte nicht, dass das Blechdach der Lieblingsort der Affen war, die dort spielten. Noch während sie die Affen beschimpfte und anbrüllte, dämmerte es ihr endlich, dass sie niemals Frieden finden würde, wenn sie das Leben vermied oder sich endlos bemühte, das zu kontrollieren, was unkontrollierbar war.

Ein Freund erzählte mir, wie einer seiner Schüler, der an einer lauten und belebten Straße in Manhattan lebte, ein Schild mit der Aufschrift »Meditationshalle« auf die Innenseite seiner Eingangstüre hängte, die sich auf den Gehsteig hinaus öffnete. Es war seine tägliche Erinnerung daran, dass es wie ein Rezept für Entmutigung und Widerstand ist, seine innere Ausgewogenheit und Empfänglichkeit von einer idealen Welt abhängig zu machen. Die äußere Welt der Bedingungen und die innere Welt unseres Herzens sind immer verbunden, aber nicht immer voneinander abhängig. Gelassenheit heißt, zu lernen, inmitten der Aufregung Ruhe zu bewahren, inmitten von Streit friedlich zu bleiben und inmitten von Chaos nach Ausgewogenheit zu suchen. Es scheint eine unmögliche Aufgabe. Doch eine Aufgabe ist immer nur so groß wie der jeweilige Moment.

Wir betreten die Welt der Bedingungen in dem Moment, in dem wir aufwachen und mit unseren Sinnen die Welt wahrnehmen. Indem wir lernen, uns in Freundlichkeit, Mitgefühl, Freude und Gelassenheit zu Hause zu fühlen, sind wir niemals weit von unserer »Meditationshalle« entfernt. Wie der Buddha in einem der frühesten Texte, dem Dhammapada, lehrte: »Allen Erfahrungen geht der Geist voran, sie sind vom Geist geleitet und gestaltet. Alles, was wir sind, entsteht mit unseren Gedanken. Mit unseren Gedanken erschaffen wir die Welt.« Eine Welt, die mit Achtsamkeit, Einsicht und den edlen Qualitäten der Brahmaviharas gestaltet wird, ist eine Welt der Freiheit.

Inmitten von allem, vom nicht vergehenden Leben, verlieren wir leicht das Gleichgewicht, werden überwältigt und erschüttert. Manchmal fühlen wir uns hilflos und verloren; zu anderen Zeiten werfen wir dem Leben vor, es sei ungerecht. Wir sind vielleicht versucht, uns in Achtlosigkeit oder Widerstand zu flüchten, nur damit uns das Leben wieder daran erinnert, dass die einzige Zuflucht in diesem Leben in einem Herzen zu finden ist, das allem, was geschieht, mit Mut, Mitgefühl und Ausgeglichenheit begegnen kann. Der Buddha hat einst gesagt: »Für ein Wesen, das Wandel, Ungewissheit und Tod unterworfen ist, ergibt es keinen Sinn zu versuchen, eine Zuflucht in etwas zu finden, das ebenso Wandel, Ungewissheit und Tod unterworfen ist.« Wenn wir dies in seiner Tiefe verstehen, dann beenden wir unsere hektische Suche nach Gewissheit und Berechenbarkeit. Wir beenden unser verzweifeltes Bemühen, das Unkontrollierbare zu kontrollieren und lernen, mit einem offenen Herzen leben, das bereit ist, offen und gelassen jeden Moment zu umarmen.

Gelassenheit ist ein Weg, eine Art und Weise präsent zu sein, und ein Same, den wir kultivieren, eine unaufhörliche Forschungsreise. Ebenso wie das Leben nie anhält, die Zeit nie stillsteht und alles im Wandel ist, ebenso fließend ist Gelassenheit. Sie entsteht nicht in den erhabensten und friedlichsten Momenten unseres Lebens, sondern dann, wenn wir uns wirklich aufgebracht, erschüttert und verloren und ganz und gar nicht ausgeglichen fühlen. Sie ist eine Übung, der Ungewissheit und Unberechenbarkeit, die wir so sehr fürchten, zu begegnen und sie zu verstehen; und eine Verpflichtung, genau da unser Herz zu befreien. Der Pfad von Gelassenheit fordert uns auf zu erforschen, ob es die Ereignisse und die verändernden Bedingungen in unserem Leben sind, die uns erschüttern, oder unsere Reaktionen auf die Ereignisse. Gibt es einen anderen Weg, auf Wandel, Verlust und Ungewissheit einzugehen, als Abwehr oder Angst oder die Forderung, dass sich das Leben unseren Wünschen und Vorstellungen anzupassen hat? Der Pfad des Erwachens lädt uns ein, diese tiefe Einsicht zu entwickeln. Sie ist das Fundament, auf dem das Herz, das sich beständig dem Unbeständigen öffnet, ruhen kann.

Der Pfad von Gelassenheit beginnt damit, genau der Orte und Augenblicke gewahr zu werden, in denen die Gelassenheit am schnellsten verschwindet. Unser Leben ist ein unaufhörlicher und kaum aufzuhaltender Fluss von Ereignissen, die eins auf das andere folgen. Wie ein Fluss, der aus einer Quelle entspringt und zu fließen beginnt, einen Flussverlauf hat, in dem es ebenso Wildwasser wie ruhige Stellen gibt, auf die Stromschnellen und Wasserwirbel folgen, die sich wiederum sammeln, um zu einem Wasserfall zu werden. Wir können den Fluss ebenso wenig anhalten, wie wir uns von den Ereignissen abschirmen können, die uns Freude und Kummer bringen. Wir können uns nicht aussuchen, nur in den friedlichen Flussabschnitten zu sein, und wir wissen, dass sich die Stromschnellen und der Strudel auch wieder verwandeln werden.

Die Weltlichen Winde

Das Leben von uns Menschen wird von den sogenannten acht Winden der Welt berührt. In jedes menschliche Leben sind Lob und Tadel, Erfolg und Versagen, Vergnügen und Schmerz, Gewinn und Verlust eingeflochten. Im Lichte von Lob und Anerkennung erstrahlen wir; im Licht von Tadel und Missbilligung fühlen wir uns beschämt und klein. Verständlicherweise sehnen wir uns nach Akzeptanz und Anerkennung – der nahe Feind dieser zutiefst menschlichen Sehnsucht ist das Streben nach Lob und Anerkennung. Allzu leicht setzen wir uns den Launen der anerkennenden Wörter eines anderen aus. Es ist verständlich, dass Tadel, Beurteilung und Kritik schwer zu ertragen sind. Der nahe Feind dieses Schmerzes ist es, nach trügerischer Perfektion zu streben oder gegenüber der Rückmeldung anderer taub zu sein. Allzu leicht verinnerlichen wir die Wut und Abneigung als angemessenes Maß dafür, wer wir sind. Wir sind dafür anfällig, sowohl Lob als auch Tadel persönlich zu nehmen, uns mit ihnen zu identifizieren und uns somit Begeisterung, Stolz und Verzweiflung zu unterwerfen. So geht Gelassenheit verloren.

Die wunderbare Meditation, die wir endlich erlebt haben, die Liebe, der wir sicher waren, sie würde ewig weilen, unsere Gesundheit und Jugend – an alldem erfreuen wir uns, doch all das wird sich wandeln, und uns bleibt nichts, als der Leere der Enttäuschung und des Versagens zu begegnen. Das Leben lehrt uns unaufhörlich die schwierige Lektion des Loslassens. In unserer Kultur wird unser Wert als Mensch durch unseren Erfolg definiert, und zu scheitern gilt als inakzeptabel und als Angriff auf unsere Würde. In der jüngsten Rezession ist die Rate für psychische Erkrankungen und Suizid sprunghaft angestiegen. Wir streben danach, zu Menschen zu werden, die immun sind gegenüber Misserfolg, und wir verteidigen ängstlich unseren Erfolg. Unsere Kultur lehrt uns, dass Erfolg die Türe zu Liebe, Akzeptanz und Belohnung öffnet, während Misserfolg uns zu einem Schattendasein verurteilt. Wir können alles dransetzen, unser Wohlbefinden durch Erfolg und Besitz abzusichern, und uns davor fürchten, diese Gewissheit zu verlieren, in dem Glauben, dass dies uns zu einem Leben in Unsichtbarkeit und Bedeutungslosigkeit verurteilt. Wir können sogar zu dem Glauben gelangen, dass Gelassenheit das Resultat davon wäre, erfolgreich zu sein, anstatt zu sehen, dass sie darin besteht, sich den Höhen und Tiefen des Lebens gleichermaßen zu öffnen.

Die vergnüglichen und schönen Augenblicke, die uns die Welt bietet, berühren und erfreuen unser Herz. Die kleinen Freuden des Sonnenuntergangs, die großen Freuden eines neugeborenen Kindes, die wunderbare Kunst, Musik und Poesie, die uns zu Verfügung steht, um unser Herz mit Freude zu erfüllen und unser Leben zu bereichern. Wir mögen Gesundheit, positive Emotionen und angenehme Gedanken. Wir öffnen uns nicht so leicht den Momenten von Schmerz – der unerwarteten Krankheit, den schwierigen Emotionen, den wiederkehrenden Gedanken, den irritierenden Anblicken und Geräuschen. Die Melodie der Vögel vor dem Fenster wird von dem Lärm der Müllabfuhr übertönt. Eine bezaubernde Fantasie oder ein Plan wird durch einen albtraumartigen Zwang ersetzt. Unsere Gesundheit schwankt, und manchmal sind wir plötzlich müde und gelangweilt von etwas, das uns zuvor erfreut hat.

Wir entwickeln die Gewohnheit, uns dem Angenehmen zuzuwenden, vor dem Unangenehmen zurückzuweichen und alles in unserer Macht Stehende zu tun, um unser Leben so anzuordnen, dass wir vor Schmerz geschützt sind. Uns ist selten bewusst, dass das Streben nach Vergnügen uns gegenüber Schmerz ungeduldiger werden lässt und uns an ein Leben in Unruhe und Sorge bindet. Gelassenheit hat eine Qualität von Resilienz, die nicht darin besteht, sich gegen die Winde des Lebens zu verbarrikadieren, sondern die aus innerer Stärke und Gelassenheit hervorgeht. Wir sind zutiefst betroffen, wenn unerwartete Veränderungen und schöne oder schreckliche Ereignisse auftreten. Wir beugen uns der Kraft dieser Winde, lernen aber, uns wieder aufzurichten. Indem wir unsere Fähigkeit zu Ausgeglichenheit kultivieren, lernen wir, den vielen kleinen Momenten von Unbehagen zu begegnen, die wir täglich erfahren, ohne zurückzuweichen oder uns abzuwenden. Wobei wir entdecken, dass es auch möglich ist, Unbehagen mit Stille zu umgeben. Wir entdecken die Fähigkeit, den vielen kleinen schönen Momenten unseres Tages mit einer Qualität von Wertschätzung zu begegnen, die nicht verzerrt ist durch unser Begehren, die Schönheit zu besitzen oder aufrechtzuerhalten.

Erfahrungen von Gewinn und Verlust sind in den Rhythmus unseres Lebens eingeflochten. Wir gewinnen Stabilität und Sicherheit, Geld und Status. Wir gewinnen Respekt. Viele Errungenschaften unseres Lebens entspringen unserem Einsatz, unseren Fähigkeiten und der Hingabe. Wir verlieren auch eine Menge. Wir müssen uns von Menschen, die wir lieben, trennen; unsere Existenzgrundlage verschwindet; wir fühlen uns einsam durch Freundschaften, die sich wandeln oder verschwinden. Wir verlieren unsere Jugend und Vitalität; wir gewinnen neuen Frieden inmitten des Alterns. Eine Mutter erzählte vom tiefen Schmerz, als sie erfuhr, dass ihr Sohn im Tsunami in Asien umgekommen ist. In der folgenden Woche erhielt sie eine Postkarte von ihm, er schrieb: »Ich bin im Himmel, das ist die schönste Zeit meines Lebens.« Es gibt unerwartete Momente der Stille, unerwartete Momente der Schwermütigkeit. Gelassenheit lehrt uns nicht nur Gleichmut, sondern auch Gnade – ein tiefes Verständnis davon, dass das Leben nie stillstehen wird und dass ein Festhalten an einem einmal erreichten Zustand nur Beunruhigung und Sorge bringt.

Und wir – wir atmen inmitten all dessen, unser Herz schlägt und wir erleben Morgen und Abend und sind präsent und lebendig. Wir fragen uns, wie unser Herz auch weiterhin unaufhörlich neue Erfahrung aufnehmen kann, ohne daran zu zerbrechen. Wir sehen, wie unser Geist an einem Tag von Höhen zu Tiefen schaukelt, von Begeisterung zu Verzweiflung, von Angst zu Zuversicht. Gelassenheit lehrt uns hauptsächlich, diesem Fluss von ungewissen und veränderlichen Ereignissen gleichermaßen mit Respekt zu begegnen, ohne jedoch von ihnen beherrscht zu werden. Der Buddha sagte: »Lob und Tadel, Gewinn und Verlust, Vergnügen und Schmerz, Erfolg und Versagen sind die acht weltlichen Winde. Sie ändern sich ständig. Wie ein Berg unerschüttert von dem Wind verweilt, ebenso ist das Herz eines weisen Menschen beständig inmitten all der Veränderung auf dieser Erde.«

Eine Frau erzählte mir von dem Moment, in dem sie wirklich realisierte, dass sie Krebs im Endstadium hatte. Die Diagnose »inoperabler Eierstockkrebs« hatte sie einige Wochen zuvor erhalten, und sie erzählte, wie darauf eine Welle von hektischem Tun folgte, in der Hoffnung, sie würde eine der »wundersamen« Überlebenden sein. Sie suchte Heiler auf. Sie verlor sich in Sorge und fragte sich, was sie falsch gemacht hatte, um diese schreckliche Krankheit zu bekommen. Eines Abends saß sie im Schaukelstuhl auf ihrer Veranda, und sie überkam eine überraschende »Realisation«:

> Es war, als ob meine Welt um ihre Achse kippte. Ich blickte in die Sterne und hörte das Heulen der Eule. Es war, als ob jede Trennung zwischen meiner inneren und der äußeren Welt ausgelöscht war. Plötzlich war da eine große Stille, die Wellen meiner Sorgen legten sich, und anstatt mich in eine endlose Litanei von »warum ich« zu verlieren, fand ich mich selbst fähig, der Realität meines Sterbens zu begegnen. Da war Akzeptanz gleichzeitig mit einer tiefen, dynamischen Lebendigkeit. Jeder Atemzug war kostbar, jedes Geräusch

so, als hätte ich es noch nie vernommen. Ich bekam Einblick in etwas Heiliges. Es war nicht in Worte zu fassen. Ich wusste, dass Stille mein wahres Zuhause sein konnte.

Gelassenheit verlangt die Weisheit eines Buddha. Indem wir grenzenlose Freundlichkeit, Freude und Mitgefühl kultivieren, beginnen wir die schädliche Wirkung und den Stress zu spüren, die Begehren und Abneigung, Streben und Verweigerung in unserem Leben hinterlassen. Der Pfad von Gelassenheit vertieft dieses Verständnis und hat die Kraft, die Ursachen von Leiden zu beenden. Nicht nur gegenüber den äußeren Ereignissen und Erfahrungen unseres Lebens sind wir aufgefordert, radikale Ruhe und Gleichgewicht zu entwickeln, sondern auch gegenüber den inneren Ereignissen unseres Geistes und Herzens. Wir lernen inmitten all der Vorlieben und Abneigungen, der Wellen von Haben-Wollen und Nicht-Haben-Wollen, innezuhalten, und das Entstehen und Vergehen der Welle zuzulassen. Begehren und Abneigung sind beunruhigend. Es sind gewohnheitsmäßige und zwanghafte Energien. Sie sind darauf angewiesen, Objekten, Menschen und Ereignissen die unausgesprochene Macht zu verleihen, uns glücklich oder unglücklich zu machen, stolz oder besorgt. Indem sie von dieser unausgesprochenen Macht ausgehen, sprechen Begehren und Abneigung Objekten, Menschen und Ereignissen eine unabhängige Selbstexistenz zu. Dadurch wird die Qualität unseres Herzens und Geistes davon bestimmt, wie erfolgreich unser Begehren oder unsere Ablehnung sind. Wir werden Gefangene im Auf und Ab des menschlichen Lebens; die Ketten, die uns binden, sind die Kräfte von Begehren und Abneigung.

Inmitten von Vergnügen und Schmerz, Lob und Tadel, Gewinn und Verlust, Erfolg und Versagen erinnern wir uns an die Möglichkeit, den Winden der Welt mit einer ruhigen, stillen

Ausgewogenheit zu begegnen. Wie beim Kultivieren von Freundlichkeit, Mitgefühl, Freude und Gelassenheit wird diese Vergegenwärtigung durch einige einfache Formulierungen unterstützt, die uns dabei helfen, in den Momenten, in denen wir überwältigt oder erschüttert zu werden drohen, zu Gelassenheit zurückzukehren. Wie immer ist es hilfreich, Wörter zu finden, die Bedeutung für uns haben, und die die Absicht, in Stille zu verweilen, unterstützen.

• DIE ÜBUNG •

Inmitten des Lebens mit seinen »zehntausend Freuden und Sorgen« verbinden wir uns mit dem, was jetzt gerade präsent ist. Erlauben Sie dem Körper zur Ruhe zu kommen und dem Geist anzukommen, indem Sie diesem Augenblick Aufmerksamkeit schenken, wie auch immer er gerade ist. Inmitten des Schönen und Schwierigen vertrauen wir unserer Fähigkeit, unser Herz zu umsorgen.

Möge ich Veränderung mit Ruhe und Stille annehmen.
Möge ich diesen Moment ganz akzeptieren, so wie er ist.
Möge ich mich in Ausgeglichenheit und Weite zu Hause fühlen.

Jedes Mal, wenn wir absichtsvoll zu dem zurückkehren, was angenehm oder unangenehm ist, lösen wir die Verstrickung mit Abneigung und Begehren, die uns dazu bringt, nicht im Moment zu sein. Jeder Moment, den wir ablehnen oder in dem wir nicht präsent sind, schwächt unsere Zuversicht, dass unser Herz frei sein kann.

Durch Flucht oder Abneigung errichten wir einen Zaun, der unsere Welt ein wenig kleiner macht, und sagen uns dabei, dass wir das Leben, wie es ist, nicht ertragen können. Indem wir dem Zwang des Begehrens folgen, überzeugen wir uns immer wieder von dem Ungenügen unseres eigenen Herzens. Mit Gelassenheit lernen wir zu leben wie ein Berg, von den Winden der Welt berührt, aber unerschütterlich. Wir lernen standhaft zu sein, empfänglich und der Freiheit verpflichtet. Ein Zen-Meister wurde einst gefragt: »Was ist das Geheimnis deines Glücks?« Er antwortete: »Vollständige, uneingeschränkte Kooperation mit dem Unvermeidlichen.« Unser Leben ist das Unvermeidliche.

Die Winde der Veränderung

Der Buddha sagte einst, so wie der Fußabdruck des Elefanten im Dschungel der größte der Fußabdrücke aller Tiere sei, so sei die Einsicht in die Vergänglichkeit die tiefste aller Einsichten. Ein tiefes Verständnis von Vergänglichkeit hat die Kraft, unser Herz und unsere Beziehung zum Leben radikal zu wandeln. Können wir wirklich verstehen, dass die Geschichte, die hinter jedem Gegenstand, jedem Ereignis und jedem Menschen, der auf die Welt kommt, steht, eine Geschichte vom Werden und Vergehen ist? Alles, was erbaut ist, wird irgendwann wieder einstürzen. Alles, was miteinander verbunden wurde, wird wieder getrennt werden. Alles, was gespeichert wurde, wird mit der Zeit ausgehen. Alles, was entsteht, wird wieder vergehen.

Gedanklich stimmen wir zu, dass Vergänglichkeit wahr ist. Wenn Ereignisse und Erfahrungen, die wir ablehnen, sich verändern, befürworten wir Veränderung begeistert. Der schwierige

Nachbar zieht aus, eine Krankheit geht vorüber, ein Zwang wird erleichtert und die Sonne vertreibt den Regen: Wir applaudieren der Vergänglichkeit, wenn sie nutzt. Es bleibt allerdings herausfordernd, die Wahrheit zu akzeptieren, dass Vergänglichkeit auch für das zutrifft, was wir lieben und schätzen. Wir verzweifeln, wenn wir jemanden oder etwas verlieren, die, den oder das wir schätzen, wenn unsere großen Pläne nicht aufgehen, wenn wir nicht mehr in der Lage sind, so zu rennen wie ein Kind, wenn unser Herz durch Ablehnung zerbricht.

Unsere Momente von Ruhm und Schande, die, die wir lieben oder hassen, das Vergnügen und der Schmerz, die Gewinne und die Verluste – nichts von alldem lässt sich fassen. Sie alle unterliegen der Vergänglichkeit. Ohne ein tiefes Verständnis darüber verlieren wir uns in Begehren und Ablehnung sowie in Achtlosigkeit. Wir unternehmen heldenhafte Anstrengungen, um das, was am Vergehen ist, festzuhalten und zu erhalten, oder das, was sich verändert, zu löschen. In seinen Belehrungen zur Vergänglichkeit hat der Dalai Lama seine Schüler einmal angewiesen, über all das nachzudenken, was bereits vergangen ist. Der Kummer, von dem wir dachten, er würde ewig währen, die Menschen, die wir geliebt und verloren haben, die Persönlichkeiten und die Leidenschaften, von denen wir dachten, sie wären für immer – all dies ist nun bloß eine Erinnerung. Die zehntausend Gedanken, die wir hatten, die Gefühle, mit denen wir kämpften, die Träume, die wir hatten – alle haben sie sich verändert. Wir könnten weiter darüber nachdenken, was gerade jetzt verschwindet und was mit Sicherheit in Zukunft verschwinden wird.

Alles, was wir wahrnehmen und erfahren, sendet uns ein und dieselbe Botschaft – loszulassen. Uns ist nicht immer bewusst, wie sehr wir uns auf die Beständigkeit der kleinen und großen Dinge in unserem Leben verlassen, um uns ausgewogen und gelassen zu fühlen – bis diese sich ändern. Das Anhaften ist eine Steigerung von Begehren und Abneigung, und es zeigt am besten, wie wir uns von der Realität der Veränderung abwenden. Es ist diese Verweigerung, die uns Angst, Sorge und Rastlosigkeit bringt. Denn hinter dieser Angst und Sorge liegt die zentrale Verdrängung unserer eigenen Sterblichkeit. Wir stehen nicht außerhalb des unerbittlichen Rhythmus von Veränderung – eines Tages werden auch wir nur mehr in der Erinnerung der anderen leben. Nāgārjuna, der große indische Weise, hat gelehrt:

> Das Leben flackert in den Böen von eintausend Leiden,
> zerbrechlicher noch als die Schaumblase in einem Bach.
> Im Schlaf geht jeder Atemzug fort und wird wieder
> eingezogen;
> wie erstaunlich, dass wir lebendig wieder aufwachen.

Shunryū Suzuki Roshi, der große Zen-Lehrer des zwanzigsten Jahrhunderts, hat einmal gesagt: »Vergänglichkeit zu verstehen heißt nicht, die Dinge dieser Welt abzulehnen, sondern zu akzeptieren, dass sie vergehen.« Wir haben oft die Gelegenheit, Veränderung zu erleben – bei jedem Anfang und jedem Ende, bei Geburten und Todesfällen, die sich in Augenblicken offenbaren, die mit Gewahrsein erfüllt sind. Alles, was geschieht, ist eine Lektion für: »Auch dies wird vorübergehen«. Die Wahrheit zu verstehen, die Veränderung bedeutet heißt: Um frei zu sein, brauchen wir einen Geist, der nicht festhält. Wenn wir dieses Leben in Gnade leben wollen, sollten wir lernen, nicht nur Anfänge anzunehmen, sondern auch Enden. Wenn wir innig lieben wol len, dürfen wir nicht verlangen, dass die Menschen immer dieselben bleiben.

Gelassenheit heißt, mit jeder Zelle die Vergänglichkeit erfasst zu haben. Das bedeutet nicht, uns nicht zu sorgen, sondern einfach, nicht anzuhaften. Begehren, Ablehnung und Verwirrung sind die Bedingungen, die zum Anhaften führen. Metta, Mitgefühl und Freude sind Bedingungen für Nicht-Anhaften und Gelassenheit. Wir könnten eine einfache Überlegung anstellen. Wir wissen, wie es sich anfühlt, wenn unser Geist unruhig und voller Begehren und Abneigung ist. In diesem emotionalen Klima entsteht ein schwieriger Gedanke oder eine Vorstellung beginnt zu wachsen, und wir identifizieren uns damit. Stunden später wandelt sich unser Geist, und es entsteht vielleicht mehr Weite und Ruhe. Derselbe schwierige Gedanke oder dasselbe Gefühl erscheinen, doch dieses Mal schlagen sie keine Wurzeln und ziehen vorbei. Uns selbst zu befehlen, loszulassen, ist wirkungslos und zum Scheitern verurteilt. Das Kultivieren von Freundlichkeit, Freude und Mitgefühl ermöglicht es dem Geist, nicht länger anzuhaften. Das Verständnis von Vergänglichkeit lehrt uns, inmitten aller Dinge gelassen zu bleiben.

Die Tatsache der Vergänglichkeit hat tiefgreifende Auswirkungen darauf, wie wir unser Leben führen. Indem wir uns der Wahrheit über die Vergänglichkeit öffnen, offenbart sich uns eine gütigere Art und Weise, in dieser Welt mit allen Dingen und allen Menschen zu sein. Das Leben ist zu flüchtig, um in Streit und Auseinandersetzung verbracht zu werden. Indem wir uns der Tatsache unserer eigenen Sterblichkeit bewusst werden, spüren wir die Dringlichkeit, ein bedeutungsvolles, fürsorgliches und mitfühlendes Leben zu führen. Wenn wir Vergänglichkeit verstehen, können wir die Illusionen loslassen, die mit dem Streben nach kurzlebigen Dingen und Erfahrungen verbunden sind. Die Tatsache der Vergänglichkeit zu verinnerlichen, fokussiert unseren Geist darauf, was in diesem ungewissen und veränderlichen Leben wirklich Wert hat. Unsere Fähigkeit, andere zu lieben und für sie zu sorgen, unsere Verpflichtung, Stress zu reduzieren, wenn das möglich ist, und präsent zu sein angesichts unlösbarem Leiden – das entsteht, wenn die Tatsache der Vergänglichkeit unerschütterlich klar geworden ist.

Als wir den sechzigsten Geburtstag eines Freundes feierten, wurden einige überrascht, als wir eine Schieferplatte mit einem Stück Kreide in die Hand bekamen. Es war die Zeit gekommen, unseren eigenen Grabstein zu schreiben. Keiner von uns war versucht, das herauszustellen, was wir erworben hatten, oder unsere Erfolge oder unsere Fähigkeit, Schwierigkeiten aus dem Weg zu gehen. Im Anschluss tauschten wir unsere Gedanken aus und viele sprachen von ihrem Wunsch, als jemand in Erinnerung zu bleiben, der oder die versucht hatte, einen Unterschied in dieser schwierigen Welt zu machen, liebevoll und fürsorglich zu sein, oder sein oder ihr Leben so weise und aus ganzem Herzen wie möglich zu leben. Traditionelle Belehrungen zum Erwachen betonen das Verständnis der Vergänglichkeit als die zentrale Einsicht, um eine Dringlichkeit zu entfachen, wach zu sein, mit Mitgefühl zu leben und sich am Erwachen unserer Welt zu beteiligen. Auf der ganzen Welt beginnen Mönche und Nonnen jeden Tag damit, sich auf die Vergänglichkeit und ihre eigene Sterblichkeit zu besinnen. Das ist keine Besinnung, die Menschen in Klöstern vorbehalten sein sollte. Wie würde sich unser Leben durch eine solche Übung ändern? Wenn Vergänglichkeit in unserem Bewusstsein wachgehalten wird, hat sie das Potenzial, uns zu einem Leben mit Integrität, Wertschätzung, Fürsorge und Wachsamkeit zu führen.

Universelle Verletzlichkeit

Die zweite zentrale Dimension von Gelassenheit sind die menschlichen Beziehungen – der Bereich unseres Lebens, in dem wir uns oft am meisten von Liebe und Hass erschüttert fühlen. Wir sind beziehungsorientierte und emotionale Wesen. Die Fähigkeit unseres Herzens tief zu fühlen, führt uns zu Liebe, Fürsorge, der Offenheit, von Freude und Sorge berührt zu sein, sowie dazu, zu helfen und heilend zu wirken, wann immer wir können. Unsere emotionale Welt ist das Zuhause unserer tiefsten Leidenschaften und daher unserer tiefsten Verletzlichkeit. Gelassenheit ist kein Weg, den Reichtum unseres Gefühlslebens aufzugeben oder zu unterdrücken – das wäre ein Leben mit Unverbundenheit und Distanzierung. Alle Brahmaviharas weisen nur in eine Richtung, nämlich in ein Leben in tieferer Verbundenheit. Gelassenheit hat nichts mit emotionaler Eintönigkeit zu tun, sondern mit emotionaler Intelligenz und Freiheit. Die Weisheit der Gelassenheit lehrt uns, unsere Leidenschaften nicht zu unterdrücken, sondern ihnen nicht länger verblendet und berauscht zu folgen.

Wir sind allzu leicht sowohl durch Liebe als auch durch Hass verblendet. Die größte Fähigkeit des menschlichen Herzens ist die, tief zu lieben und Liebe zu empfangen. Dennoch können wir uns in der Liebe verrennen, sie verfolgen und festhalten, ihren Verlust fürchten oder die Rolle einnehmen, immer der Retter von anderen zu sein. Vernarrtheit in die Liebe führt dazu, dass wir unablässig mit den Objekten unserer Leidenschaft beschäftigt, ja, wie besessen sind. So erfahren wir nicht das Schmerzhafte der Liebe, sondern des Rauschs. Wir verleihen der geliebten Person eine unausgesprochene Macht, uns glücklich zu machen, und haben das Gefühl, unser schieres Überleben ist davon abhängig, dass unsere Liebe erwidert wird und unverändert bleibt.

Dabei übergeben wir unsere innere Freiheit und unser Gefühl innerer Genügsamkeit an die Person, von der wir uns abhängig machen. Abermals ertappen wir uns dabei, ein Feuer der Unzufriedenheit zu schüren, das Begehren und Festhalten entspringt. Unsere Liebe für andere kann sich auch in eine Überfürsorglichkeit verzerren, in eine Form von Erregung, die versucht, Unberechenbarkeit und Veränderung unter Kontrolle zu halten. Wir sind dann bestrebt, der perfekte Elternteil, Partner, Tochter oder Sohn zu sein. Wir versuchen, auch wenn es nicht möglich ist, eine andere Person glücklich zu machen. Die Schattenseite einer solchen tiefen Fürsorge ist der Versuch, die Erfahrungswelt dieses Menschen zu kontrollieren und sie von Schmerz und dem Leben selbst abzuschirmen.

Auf dem Weg, um Gelassenheit zu kultivieren, müssen wir uns schwierige Fragen stellen: Können wir lieben, ohne von Liebe gefesselt zu sein? Können wir zutiefst fürsorglich sein und gleichzeitig wissen, dass wir die, um die wir uns sorgen, nicht vollständig vor Schmerz und Kummer bewahren können? Können wir lieben, ohne die Person, die wir lieben, unter Druck zu setzen, den Beweis und die Bestätigung unseres Werts und unserer Liebenswürdigkeit zu liefern? Können wir lieben ohne den Anspruch, dass die Person, die wir lieben, uns glücklich machen und unser Wohlbefinden gewährleisten muss? Können wir akzeptieren, dass wir es nicht in der Hand haben, die Sicherheit und das Glück derer, die wir zutiefst lieben, zu garantieren? Der Buddha hat uns zu einem Weg der Freiheit ermutigt, auf dem wir lernen, in Unabhängigkeit zu verweilen und an nichts in dieser Welt anzuhaften, und doch gleichzeitig zutiefst fürsorglich zu sein.

Neben dieser Belehrung zur Befreiung steht die Belehrung zu dem tiefen Wissen, dass unser gesamtes Leben mit den Leben anderer verwoben ist. Jeder unserer Gedanken, Worte und Taten spaltet sich in Tausende Konsequenzen, die einen Eindruck in der Welt um uns herum hinterlassen und die Leben anderer berühren. Ebenso berühren die Gedanken, Worte und Taten der anderen unser eigenes Leben. Wir können nicht darüber bestimmen, wie geschickt oder ungeschickt das Herz einer anderen Person ist. Aber wir können den Boden bereiten, auf dem unsere eigenen Gedanken, Worte und Taten entstehen, und sie mit Freundlichkeit, Mitgefühl und Freude zur Welt bringen. Und wir können ein inneres Gleichgewicht kultivieren, mit dem wir inmitten von widerspenstigen und schwierigen Menschen leben können, ohne zu zerbrechen. Vom Moment unserer Geburt an wird unser Leben von Beziehungen beeinflusst und definiert. Unsere emotionale Reife und unsere Freiheit wachsen, wenn die Welt Anteil nimmt. Indem wir die Weisheit von Freundlichkeit, Mitgefühl, Freude und Gelassenheit kultivieren, entwickeln wir eine Freiheit, unsere Beziehungen so zu gestalten, dass sie nicht länger verzerrt sind durch Gier, Hass und Verwirrung, sondern geleitet von Großzügigkeit, Ausgewogenheit und Verständnis.

Wir können durch Feindseligkeit ebenso berauscht werden wie durch Liebe, mit dem gleichen Effekt. Die Worte und Taten der Feindseligkeit, die wir durch andere erfahren, berühren uns zutiefst. Wir werden von Beurteilung und Zurückweisung verwundet und von Gleichgültigkeit und Grausamkeit verletzt. Schwierige Menschen wird es immer in unserem Leben geben. Wir lernen Gelassenheit und entwickeln die Freiheit, nicht länger zuzustimmen, dass sie unser Bewusstsein und unser Herz beherrschen. Eine junge Frau sprach über die emotionalen Folgen, nachdem sie eines Abends auf dem Nachhauseweg überfallen worden war. Sie war geschockt, aber nicht verletzt. Dennoch lief der Vorfall wieder und wieder in ihrem Kopf ab, wobei sie wie besessen an den Angreifer dachte und kaum an die Menschen, die ihr wichtig waren. Sie ertappte sich dabei, überaus wachsam und misstrauisch gegenüber jeder Person zu sein, die ihr auf ihrem täglichen Heimweg begegnete. Es kam ein Punkt, an dem sie sagte: »Ich realisierte, dass der Angreifer mein Herz und mein Leben beherrschte. Nicht nur war mein äußerer Frieden verschwunden, sondern auch der Frieden meines Herzens.« Es war eine erschreckende Erkenntnis, aber ebenso überraschend war das Verständnis, dass sie die Freiheit hatte zu wählen, wie sie die Erinnerung an diesen Überfall im Gedächtnis behalten wollte. Sie fand, dass sie den Gedanken und Vorstellungen als Gedanken und Vorstellungen begegnen konnte, die mit Klarheit und Mitgefühl aus der Vergangenheit entstanden. Sie bemerkte, dass es ihr möglich war, diesen Gedanken und Vorstellungen in der Gegenwart ohne Angst zu begegnen. Sie sprach von der Freiheit, die sie darin fand, sich nicht länger eine andere Vergangenheit zu wünschen. Es war ein Loslassen und Heilen hinein in die Gegenwart.

Durch Feindseligkeit binden wir uns an die Person, die wir fürchten. Wir vermeiden und gehen auf Abstand. Wir sind dabei, ein »anderes« zu erschaffen, und verleihen dem, der oder den anderen die unausgesprochene Macht, unser Herz zu erschüttern. Angesichts der Verletzung oder Kränkung tendieren wir dazu, einen Teil einer anderen Person irrtümlicherweise für das Ganze zu halten. Wir beschäftigen uns zwanghaft mit einer Beleidigung, sind gekränkt durch eine feindselige oder gleichgültige Tat und beschließen, dass die Person vor uns grausam, abscheulich und dumm ist. Ein Jahrzehnt könnte vergehen, bevor wir die Person wiedersehen, doch in dem Augenblick, wo unsere Augen diese Person erblicken, sehen wir nur die Person, auf die wir uns festgelegt haben, unannehmbar und furchterregend. Diese selektive Wahrnehmung verschließt nicht nur Freundlichkeit und Mitgefühl die Tür, sondern auch der Gelassenheit. Der oder die »andere« wird durch unsere Angst in Raum und Zeit eingefroren, und anstatt bereit zu sein, uns allen Dingen zu öffnen, treibt uns das Verlangen, uns zu distanzieren.

Wir können das Herz einer anderen Person nicht ändern. Jede und jeder kann nur über die Gedanken, Leidenschaften und Emotionen herrschen, die sie oder er erfährt und verkörpert. Um das leise Flüstern des Gleichgewichts in unserem Herzen zu entdecken, können wir lernen, feindseligen Gedanken, Worten und Taten anderer nicht so viel Glauben zu schenken oder Autorität zu verleihen. Diese Worte sagen wahrscheinlich nichts Wahres über uns aus, sondern vielmehr etwas über die Qual, Verwirrung und Angst eines anderen Geistes. Im Wissen darüber können wir im Gleichgewicht unseres eigenen Herzens ruhen und uns der Welt ohne Angst zuwenden. Wie Gräser, die sich im Wind beugen, so fühlen wir weiterhin, doch entdecken die Möglichkeit, uns dadurch nicht erschüttern zu lassen.

Wenn wir Glück haben, werden wir uns in unserem Leben intensiv um viele Menschen kümmern. Um unsere Familien, um unsere Freunde, in guten wie in schwierigen Zeiten, um alternde Eltern und Angehörige, die alle ihr Päckchen zu tragen haben. Da gibt es vielleicht Momente von Freundlichkeit, Mitgefühl und Freude, und da ist auch ein großer Bedarf an Gelassenheit. Möglicherweise sehen wir, wie Menschen, um die wir uns sorgen, Entscheidungen treffen, die ihnen nicht guttun, oder zu Handlungen und Seinsweisen neigen, die ihnen selbst und anderen viel Leid bringen. Wir sehen, wie Menschen, die wir lieben, erkranken, verzweifeln und hilflos werden angesichts ihres Älterwerdens und ihrer Sterblichkeit. Wir reagieren so gut wir können, mit ganzem Herzen, und spüren, wie Mitgefühl unser Herz bewegt. Wir verpflichten uns dazu, alles Mögliche zu tun, um den Schmerz eines uns lieben Menschen zu lindern. Wir können auch den

Schmerz unserer eigenen Hilflosigkeit spüren, und den Wunsch, alles richten zu wollen, das Schwierige verschwinden zu lassen, den Schmerz zu heilen oder einen in Verwirrung verlorenen Geist zu ändern. Auf diesem Boden werden Gelassenheit und Stille am ehesten benötigt und sind doch dort am flüchtigsten.

Um Gelassenheit zu üben, pflanzen wir Samen der Absicht mit einigen einfachen Formulierungen.

• DIE ÜBUNG •

Nehmen Sie sich Zeit, um sich in einer wachen Haltung einzurichten, die es Ihnen ermöglicht, empfänglich zu sein für das, was in Ihrem Geist und Körper vor sich geht. Erweitern Sie Ihr Gewahrsein, indem Sie sich die vielen Menschen vergegenwärtigen, die jetzt gerade Teil Ihres Lebens sind: die, die Sie lieben; die, mit denen Sie zu kämpfen haben, und die vielen Unbekannten. Spüren Sie Ihre Fähigkeit, sich tief einzulassen und gleichzeitig zu wissen, dass wir nur begrenzt Einfluss auf das Herz anderer haben können. Lassen Sie Ihre Aufmerksamkeit auf diesen Formulierungen ruhen.

Das Leben ist ein Spiel von Freude und Kummer.
Möge ich unerschüttert bleiben im Auf und Ab des Lebens.
Ich fühle mich dir zutiefst verbunden.
Aber du bist für deine Taten und ihre Folgen verantwortlich.
Und leider kann ich dich nicht vor Leid beschützen.[17]

Diese einfachen Formulierungen umschreiben das Herz der Gelassenheit. Es ist ein Same der Absicht, der immer wieder gepflanzt wird, wobei jeder Moment der Hilflosigkeit und Verzweiflung uns an die Möglichkeit erinnert, an einen Ort der Weisheit und Stille zurückzukehren. Wir sind verbunden, doch egal wie tief unsere Zuneigung sein mag, sie kann den Menschen, den wir lieben, nicht immer vor Kummer schützen. Die Aussage »du bist für deine Taten und ihre Folgen verantwortlich« enthält keine Worte des Tadels oder der Gleichgültigkeit, sondern drückt einfach aus, dass ebenso wie unsere eigenen Gedanken, Worte und Taten unserem Verstehen oder unserer Verwirrung entspringen, dies auch für alle anderen Wesen wahr ist. So wie wir wissen, dass die, die uns lieben und mögen, nicht die Macht haben, unseren Kummer zu heilen oder unser Herz zu ändern. Dies liegt an uns, und dasselbe gilt für das Leben und das Herz der anderen.

Angesichts des Kummers und Leids derer, die wir lieben, und aller anderen auf der Welt, sind wir aufgefordert, unser Zuhause in dem Verständnis, wie die Dinge tatsächlich sind, zu schaffen. Es ist die erste edle Wahrheit, die der Buddha gelehrt hat: Keiner von uns bleibt von Leid verschont, weder die, die wir lieben, noch die, mit denen wir zu kämpfen haben. Leid entspringt einem Leben, das ständiger Veränderung unterworfen ist, ungewiss und unfassbar. Kummer entspringt daraus, in einer Matrix sich verändernden Bedingungen zu leben, die uns zutiefst herausfordert. Dieses Wissen wirklich zu verkörpern, ermöglicht es uns, im Lichte eines Verständnisses zu leben, das uns vor Widerstand und Verzweiflung befreit. Wir lernen, uns absichtsvoll in einem Raum der Stille und Ausgeglichenheit einzurichten, auch wenn unser Herz bebt. Es ist diese Stille, die es uns ermöglicht, die Hand auszustrecken, wohlwollend zu reagieren, heilend zu wirken, wenn

Heilung möglich ist, und den Mut des Gelassenseins zu kennen, der das Herz davor bewahrt, von einem Leben überwältigt zu werden, das solch tiefen Schmerz enthalten kann.

Martin Luther King sprach eindringlich von dem Grund der Gelassenheit, den wir auch inmitten von Feindseligkeit entdecken können, indem er sagte: »Erliege niemals der Versuchung zu verbittern. Während du nachdrücklich Gerechtigkeit einforderst, stelle sicher, dass du dich mit Würde und Disziplin bewegst, indem du einzig das Instrument von Liebe verwendest.« Inmitten der Feindseligkeit in unserer Welt, die solch tiefen Schmerz und Verletzung anrichtet, mag dies unmöglich erscheinen. Niemand von uns hat die Macht, alle Feindseligkeit und alles Leiden zu beenden, denn die Ausdehnung von Hass, Angst und Abneigung ist enorm weitläufig. Wir können uns lediglich um unser eigenes Herz kümmern, während wir dem gegenwärtigen Moment begegnen. Feindseligkeit mag eine lange Geschichte haben, doch sie entsteht in der Gegenwart. In diesem Moment, in dem wir neue Wurzeln schlagen, in unserer Fähigkeit zu Mut, Freundlichkeit, Mitgefühl und Gelassenheit. Wir lernen, dass wir der Feindseligkeit anderer und den Wellen von Feindseligkeit, die durch unser Herz laufen, begegnen können, ohne noch weitere Feindseligkeit daraufzusetzen. Wir lernen, dass wir keine Wahl haben, was das Leben mit sich bringt, dass wir aber die Freiheit haben zu wählen, wie wir auf dieses unberechenbare und ungewisse Leben reagieren.

Wieder kann es hilfreich sein, einige wenige einfache Worte zu verwenden, um uns an unsere Fähigkeit zu erinnern, gegenüber all den Menschen, die uns nahe sind und auch denen, die wir fürchten, stabil, ausgeglichen und still zu sein.

Ich bin dir zutiefst verbunden, doch leider kann ich dich nicht vor Leid bewahren.

Du bist für deine Taten und ihre Folgen verantwortlich.

Ich kann keine Entscheidungen für dich treffen.

Möge ich inmitten von Kummer in Fürsorge und Stille ruhen.

Manchmal erinnert uns die einfachere Formulierung »es ist, wie es ist« daran, aus dem Strudel emotionaler Verwirrung herauszutreten und in die Stille und Balance zurückzukehren. Gelassenheit ist eine herausfordernde Übung. Wenn die Gefühle zu intensiv werden, kann es hilfreich sein zurückzutreten und einen leichter zugänglichen Pfad zu wählen, indem wir unsere Fähigkeit zu Freundlichkeit, Mitgefühl und Freude kultivieren. Die lodernden Feuer von Liebe und Hass können heftig aufflammen. Um sie herunterzukühlen, müssen wir die Momente erkennen, in denen wir die Feuer schüren, und zugleich unsere Fähigkeit, aus den Flammen herauszutreten, wenn auch nur für einen Augenblick.

Erwachen

Die dritte Dimension der Gelassenheit ist die Verwirklichung von Freundlichkeit, Mitgefühl, Freude und Verständnis, in dem wir unerschütterlich uns üben, das Herz zu befreien. Es ist die dritte edle Wahrheit, die auf dem Weg des Erwachens gelehrt wird. Es gibt ein Ende von Kummer, Verzweiflung und Leiden, das im tiefsten und durch nichts zu erschütternden Frieden liegt. Es ist das Auslöschen der Feuer von Gier, Hass und Verwirrung durch tiefes Verständnis. Die Freiheit unseres Herzens verkörpert sich in unermesslicher und grenzenloser Freundlichkeit, Mitgefühl und Freude, wie es in diesem Zitat ausgedrückt wird, dessen Urheber nicht eindeutig ist:

> Ich bin zu dem furchterregenden Schluss gekommen,
> Dass ich das entscheidende Element bin.
> Es ist mein persönlicher Zugang, der das Klima erschafft.
> Es ist meine tägliche Stimmung, die das Wetter macht.
> Ich habe eine gewaltige Macht, das Leben elendig oder freudig zu machen,
> Ich kann ein Werkzeug der Folter sein oder ein Instrument der Inspiration.
> Ich kann demütigen oder bei Laune halten, verletzen oder heilen.
> In allen Situationen ist es meine Reaktion, die entscheidet, ob eine Krise eskaliert oder deeskaliert und eine Person vermenschlicht oder entmenschlicht wird.

In den Belehrungen zum Erwachen ist Gelassenheit eine Verweilstätte, die aus unserer Bereitschaft entsteht, unserem Leben zu begegnen und zu verstehen, was Stress verursacht und was Stress beendet. Der Buddha war zutiefst interessiert daran, wie Leiden entsteht und wie der Geist aufgebaut ist, der unaufhörlich eine Welt von Stress erschafft. Es ist eine Lehre, die uns einlädt, nachhaltig zu erforschen, wie unsere persönliche Welt von Moment zu Moment durch unsere Wahrnehmungen, unsere Gedanken, unsere emotionalen Muster und unsere Reaktivität konstruiert und aufgebaut wird. Wir können in dem Glauben durch das Leben gehen, dass unser Geist wie ein Spiegel ist, der das Leben, wie es ist, exakt abbildet. Manchmal werden wir von der Erkenntnis aufgeschreckt, dass unser Geist das zentrale Element in der Konstruktion des gegenwärtigen Augenblicks ist. Dies ist die Welt, die wir bewohnen, von der aus wir reagieren, und von der wir glauben, sie wäre real.

Vor Jahren unterrichtete ich einmal in Israel. Dabei sah ich draußen vor dem Büro einen Hund liegen. Er lag da mit geschlossenen Augen und hatte einen riesigen Auswuchs auf seinem Kopf, der deutlich hervorstand. Ich war von dem Anblick dieses anscheinend schwerkranken Hundes schockiert und entsetzt. Dem ersten Augenblick von spontanem Mitgefühl folgten mehrere Stunden, in denen ich immer wieder überlegte, was ich tun müsste, um diesem armen Hund zu helfen und wie ich die Mitarbeiter des Kibbuz für die Vernachlässigung ihrer Tiere rügen müsste. Als ich für das Mittagessen ins Büro zurückkehrte, sah ich den Hund aufrecht sitzen, er wackelte mit seinem Schwanz und sein »Tumor« lag neben ihm am Boden. Es war bloß ein Wüstenstein, der dieselbe Farbe hatte wie das Hundefell.

Unsere Erfahrungswelt ist eine sehr persönliche Welt, dennoch halten wir sie gerne für eine allgemeingültige. Indem sich unsere Sinneswahrnehmungen mit allgemeiner Information, Erinnerungen, emotionalen Assoziationen und Gedanken verbinden, werden die Menschen um uns herum als Freunde, als Feinde oder als jene, denen wir gleichgültig gegenüberstehen, identifiziert. Objekte werden als wunderbar, entsetzlich, von Natur aus schön oder hässlich gesehen. Situationen werden als bedingungslos furchterregend oder bezaubernd erachtet. Unserer Sichtweise verleihen wir Autorität und erheben sie zur absoluten Wahrheit. Gelegentlich sind wir perplex, wenn Sichtweise oder Meinung anderer Menschen nicht mit unserer übereinstimmen und die Unstimmigkeit zur Quelle von Streit und Entfremdung wird.

Wie oft in unserem Leben schrecken wir auf und entdecken, dass das Leben irgendwie anders ist, als wir vermutet hatten? Unsere Sicht auf uns selbst oder einen anderen Menschen wandelt sich durch neue Informationen oder Erfahrungen. Die Person, die wir als gleichgültig bezeichnet hatten, reicht uns die Hand in einem einfachen Akt von Großzügigkeit. Unsere Sicht auf uns selbst als unruhig und aufgeregt wandelt sich in einem unerwarteten Moment in Ruhe und Frieden. Der Herzschmerz, von dem wir angenommen haben, er würde uns für immer begleiten, verwandelt sich in einen Augenblick reiner Freude. Allzu oft entdecken wir, dass wir selbst gefangen gehalten werden durch unsere Sicht auf die Dinge; und diese wiederum die Welt, uns selbst und andere gefangen nimmt.

Letztens war ich in einem Restaurant essen, als einige Kinder quietschend und schreiend durch das Lokal liefen und in ihrer spielerischen Begeisterung an die Tische der anderen Gäste stießen. Während ihre Lautstärke und Aufregung zunahm, stieg auch die Anspannung und Verärgerung der Gäste spürbar. Niemand schien das Geschrei dieser Kinder einzudämmen, die nicht bemerkten, welchen Einfluss sie auf die anderen Anwesenden hatten. Ich konnte mithören, wie Leute in meiner Nähe anfingen, etwas über »aus der Kontrolle geratene Kinder« zu murmeln und sich echauffierten, »so was sollte nicht passieren«. Ich wunderte mich, wo ihre Eltern waren. Als ich um die Ecke spähte, sah ich eine Gruppe junger Mütter, die sich in Gebärdensprache unterhielten. Sie konnten ihre Kinder nicht hören und hatten vielleicht niemals die Freude, ihre Kinder hören zu können. Alle Gedanken über gleichgültige Eltern, die mir durch den Kopf gegangen waren, schmolzen in Mitgefühl und Empathie. Die Kinder hatten eine tolle Zeit und ihre Mütter bewegten sich gehörlos durch eine hörende Welt. Bald wurden die Kinder aufgesammelt, umarmt und alle gingen. Ich reflektierte mit einem erweiterten Gewahrsein darüber, wie uns das Leben ständig einlädt, unsere Sichtweisen und Annahmen zu hinterfragen.

Unsere Erfahrungswelt ist fließend und wandelt sich ständig. In jedem Moment erhalten unsere Sinnestore Informationen aus der inneren und äußeren Welt. Wir werden überflutet von einem Wasserfall an Bildern, Geräuschen, Empfindungen, Geschmäckern, Gerüchen und Gedanken. Sie alle werden in unserem Bewusstsein erfasst, und wir nehmen sie wahr. Wir benennen die bloßen sinnlichen Daten durch das Medium der Wahrnehmung. Ein Geräusch wird als ein »Vogel« bezeichnet, die Empfindung als »Schmerz«, der Geruch als eine »Rose«, das Bild als »ein Freund« oder »ein Feind«. Wir haben einen Namen für das, was wir wahrnehmen. Dieser Name verdichtet die Realität dessen, was wahrgenommen wird, ebenso wie unser Name dafür steht, wer wir sind oder glauben zu sein.

Wir können auf Wahrnehmung nicht verzichten. Sie ermöglicht es uns, durch das Leben zu navigieren und zu funktionieren. Sie ist eine Funktion unseres Bewusstseins, die uns dazu befähigt, uns mit Kompetenz durch das Leben zu bewegen und im jeweiligen Moment zu reagieren. Diese Wahrnehmung lehrt uns, uns vor einem rasenden Auto in Sicherheit zu bringen, und hält uns davor zurück, in ein brennendes Feuer zu greifen. Navigatorische Wahrnehmung ist das nützliche Lernen, das uns im Leben dazu bringt, uns selbst und andere zu schützen.

Wahrnehmung ist auch ein wesentlicher Baustein für unsere gegenwärtige Erfahrung. Wahrnehmung läuft über dieselben neuronalen Pfade wie das Gedächtnis. Ohne Achtsamkeit merken wir schnell, wie sehr sich Wahrnehmung auf die Vergangenheit bezieht, um die Gegenwart zu bestimmen und zu organisieren. Der Geruch von Knoblauch, der aus der Küche weht, ruft eine

Flut an Erinnerungen wach, wie wir uns in einem italienischen Lokal verliebt haben. Das Bild eines Menschen ruft unsere vergangene angenehme oder unangenehme Erfahrung mit ihm oder ihr wach. Eine schmerzhafte Empfindung im Rücken transportiert uns in die vergangene Welt eines Lebens, das von Rückenschmerzen geprägt war, und in die Vorstellung einer durch Schmerz eingeschränkten Zukunft. Wir sehen jemanden, der ähnliche Augen hat wie unser schwieriger Vater, und wir werden zurückgeworfen in die Erinnerung an schmerzliche Kindheitserinnerungen.

In unserem Bewusstsein sind nicht nur die Erinnerungen, sondern auch die dazugehörigen, vergangenen Emotionen. Knoblauch ist wunderbar; die Person, der wir uns gegenübersehen, wird der schwierige Mensch, den wir vermeiden wollen; die Empfindung in unserem Rücken löst die dringliche Planung eines Termins mit unserem Physiotherapeuten aus. Wahrnehmung wirkt sich sowohl auf unser emotionales Gedächtnis aus als auch auf Reaktionen auf die Vergangenheit, die auf Erinnerungen beruhen. Wahrnehmung ohne Achtsamkeit heißt in sehr realer Weise, die Vergangenheit in die Gegenwart hineinzulassen, und damit die Gegenwart auf der Grundlage von vergangener Erfahrung zu erleben – wir durch einen Filter, wobei wir dieselbe emotionale Reaktivität wiederholen. So wird unsere Wahrnehmung zu einer Realität.

Ein zentraler Aspekt des Erwachens ist es, zu lernen, etwas so zu betrachten, als sähe man es zum ersten Mal. Erinnerungen und Assoziationen entstehen, doch wir erkennen sie als Erinnerungen und Assoziationen, die niemals die ganze Wahrheit des Moments erfassen können. In seinen Schriften schlug der Sprachphilosoph Ludwig Wittgenstein vor: »Wörter liefern uns ein Bild, und das Bild hält uns gefangen.« Wir erkennen, dass das Einzige, das irgendwie unveränderlich bleibt, unsere Sichtweise ist. Daher ist es sicher ein großer Akt des Mitgefühls, uns selbst, andere Menschen und die Welt von den Sichtweisen, die sie gefangen halten, zu befreien. Eine Wahrnehmung, die sich auf vergangene Assoziationen stützt, ordnet nicht nur die Welt in diesem Moment, sondern dient auch dazu, uns diese Welt vertraut zu machen. Unsere Abneigungen, Vermeidungsmuster und Begierden scheinen fast vorherbestimmt. Wir wissen, wie wir zu reagieren haben, weil wir um die Welt wissen, und so hinterfragen wir nur selten die gewohnten Reaktionszyklen, die wir durchlaufen.

Um uns vor Schaden, aber auch Ungewissheit zu schützen, verlassen wir uns auf unser Gefühl, die Welt, andere Menschen und uns selbst zu kennen. Angst sagt uns, dass Überraschung und Nichtwissen unsicher sind. Weisheit sagt uns, dass unsere Fähigkeit, als menschliches Wesen zu wachsen, auf unserer Fähigkeit des Nicht-Wissens beruht. Diese ermöglicht es uns zu lernen, offen und berührbar zu bleiben, und reaktionsfähig statt reaktiv zu sein. Anstatt andauernd jedem Moment unsere Geschichte überzustülpen, lernen wir, innere Sensibilität und Empfänglichkeit zu kultivieren, damit sich die Welt uns in der Unmittelbarkeit des Augenblicks offenbaren kann. Wir erlauben uns selbst, belehrt und berührt zu werden. Wir entwickeln eine innere Formbarkeit, in der sich unser Geist wandeln kann und unsere Resonanz auf den Moment im Lichte neuer Erfahrung radikal anders sein darf.

Wahrnehmung und unhinterfragte Sichtweisen aktivieren nicht nur Erinnerungen und Assoziationen, sondern auch die darunterliegenden Muster von Begehren, Abneigung und Verwirrung. Wir ertappen uns dabei, wie wir uns aufgrund vergangener Erfahrungen auf Sinneseindrücke, Menschen, Ereignisse und Erfahrungen einlassen oder nicht. Es ist nicht überraschend, dass wir uns dabei beobachten, wie wir uns in denselben geschlossenen Kreisen von Reaktivität und Erregung bewegen.

Im Honigkuchen-Sutta unterbreitet der Buddha eine einfache und universelle Formel, mit der wir die Konstruktion unserer persönlichen Welt von Augenblick zu Augenblick verstehen und nachvollziehen können. Dabei handelt es sich nicht um ein abstraktes und theoretisches Schema, sondern um etwas, das wir in unserer Erfahrung empirisch nachverfolgen können. Es ist ein Prozess, der täglich Tausende Male abläuft.

Was wir kontaktieren, fühlen wir
Was wir fühlen, nehmen wir wahr
Was wir wahrnehmen, darüber denken wir nach
Worüber wir nachdenken, darüber breiten wir uns
gedanklich aus
Worüber wir uns gedanklich ausbreiten, dabei verweilen wir
Wobei wir verweilen wird zur Gestalt unseres Geistes
Die Gestalt unseres Geistes wird zur Gestalt unserer Welt.

Wir werden nachts von einem unerwarteten Geräusch geweckt. Es erschreckt uns und wird als unangenehm erfasst. Wir identifizieren es als eine knarrende Bodenplatte. Wir wundern uns und mutmaßen, was es bedeuten könnte. Vielleicht ist es ein Einbrecher. Wir lauschen aufmerksam auf das nächste Knarren, und in unserem Geist beginnt Angst Gestalt anzunehmen. Wir sind davon überzeugt, in einer gefährlichen Welt zu leben und ausgeraubt zu werden. Schließlich nehmen wir unseren Mut zusammen, schalten das Licht ein und sehen rasch, dass es das Geräusch eines Astes ist, der durch den Wind am Fenster kratzt – und in diesem Augenblick ist alles anders. Der Prozess, unsere Welt zu gestalten und zu konstruieren, verläuft kontinuierlich, manchmal wohlwollend und manchmal katapultiert er uns in Enge, Abneigung und Terror.

Gelassenheit zusammen mit Achtsamkeit und Großzügigkeit hilft uns, den Mut aufzubringen, diese konstruierten Welten zu hinterfragen, denen wir es so leichtfertig überlassen, unsere Entscheidungen, Taten, Sprache und Reaktionsweisen zu bestimmen. Wir werden sensibilisiert für den Augenblick, in dem unsere Sinnestore in Kontakt mit der Sinneserfahrung kommen. Wir beginnen, Gefühlsfärbungen zu erkennen, während sie entstehen, die angenehmen und die unangenehmen, und sie in Achtsamkeit zu halten. Wir bemerken, wann unsere Gedanken auf Wanderschaft gehen und unser Geist abschweift. Wir lernen, dass es möglich ist, diesen Prozess zu beobachten, ohne dabei verloren zu gehen oder überwältigt zu werden. Wir können auch einige einfache Formulierungen verwenden, um uns daran zu erinnern.

Möge ich in Nichtwissen verweilen.
Möge ich in Stille Leichtigkeit finden.
Möge ich mich allem, was auftaucht, öffnen.

Der Prozess, alles mit unserer Wahrnehmung und ihren Assoziationen aus der Vergangenheit zu überlagern, ist ein Prozess, der Endlichkeit in einem Leben konstruiert, das fließend, dynamisch und ständig veränderlich ist. Das fließende Empfänglichkeit verlangt, um sich immer wieder neu auf alle Dinge, alle Menschen und uns selbst einzulassen. Ein solch vertieftes Verständnis ist eine Bewegung hin zur Unendlichkeit. Wir können unseren Weg durchs Leben wahrnehmen und navigieren, aber die Verbindung zwischen Wahrnehmung und der Tendenz zu Gier, Hass und Verwirrung wird durchtrennt. Es ist diese Trennung, die die Welt, andere Menschen und uns selbst von unseren Definitionen und Sichtweisen befreit. Indem wir alle Dinge so betrachten, als sähen wir sie zum ersten Mal, verwurzeln wir unsere Empfänglichkeit in grenzenloser Freundlichkeit, Mitgefühl, Freude und Gelassenheit, so grenzenlos wie das Leben selbst. Aus dem Gefängnis der festgelegten Sichtweise befreit, verweilen wir in einer fließenden, sich entfaltenden Welt ohne Mittelpunkt.

In einem der frühen Texte des Udana Sutta, dem »Lobpreis des Gelassenheit«, hat der Buddha gelehrt:

Für jemanden, der anhaftet, gibt es Bewegung.
Aber für jemanden, der nicht anhaftet
Gibt es keine Bewegung.
Wo keine Bewegung ist, da ist Stille.
Wo Stille ist, da ist kein Begehren.
Wo kein Begehren ist, da ist weder Kommen noch Gehen.
Wo kein Kommen oder Gehen ist,
Gibt es weder Entstehen noch Vergehen,
Gibt es weder diese Welt noch eine Welt darüber
oder einen Zustand dazwischen.
Dies ist wahrlich das Ende von Leiden.

Gelassenheit, die aus diesem Verständnis heraus entsteht, lehrt uns in der Stille, in tiefem Frieden zu verweilen. Es ist die Stille der Wachsamkeit, lebendig und empfänglich für das Leben. Die Wurzeln von Reaktivität und Leiden – Gier, Feindseligkeit und Verblendung – werden zu einem Ende gebracht. Wir durchschauen, wie die Unterscheidung von »selbst« und »andere« durch Verwirrung und verzerrte Wahrnehmung entsteht. Das Herz wird befreit von der Endlichkeit, die aus Verwirrung und Reaktivität geboren ist. Es ist eine friedliche Stille, die erfüllt ist von Freundlichkeit, Freude und Mitgefühl. Gelassenheit ist der tiefste Frieden, eine grenzenlose Freiheit, die für jeden und jede von uns möglich ist. Der Buddha hat gelehrt: »Wenn ich nicht gedacht hätte, dass dieser Weg und seine befreiende Verwirklichung für dich möglich wären, dann würde ich dich nicht darum ersuchen. Weil ich weiß, dass dieser Weg von unermesslicher Freiheit für dich möglich ist, darum ersuche ich dich darum.«

✣ ABSCHLUSS ✣

Ein erwachtes Herz, ein erwachtes Leben

Ich lehre nur eine Sache, es gibt dukkha
und es gibt das Ende von dukkha.

BUDDHA

Im Herzen aller Belehrungen des Buddha liegt eine einzige Botschaft – das Ziel des Pfades ist ein erwachtes Herz und unerschütterliche Freiheit. Der Buddha hatte wenig Interesse an metaphysischen Debatten oder vorübergehenden überweltlichen Erfahrungen. Als er sich am Abend seines Erwachens von seinem Platz unter dem Bodhibaum erhob, ging er hinaus in die Welt, geleitet von Mitgefühl, um andere zu ermutigen, dieselben befreienden Einsichten zu gewinnen, zu denen er gelangt war. Er lehrte, dass Freiheit in Integrität verwurzelt ist. Unser Geist kann geschult und ein verlässlicher Freund werden, frei von exzessivem

Denken und von Verwirrung. Unser Herz kann in unermesslicher Freundlichkeit, Mitgefühl, Freude und Gelassenheit verweilen. Mit dieser inneren Haltung zeigen sich tiefgründige Einsichten. Ein erwachtes Herz verkörpert sich in einem erwachten Leben, das von Achtsamkeit, Fürsorge und Respekt erfüllt ist.

Der Buddha hat betont, dass wir *dukkha* verstehen müssen. Dukkha ist ein vielschichtiges Wort. Allzu oft wird es vereinfacht mit »Leiden« übersetzt, aber es umfasst die Gesamtheit des menschlichen Befindens. Als verkörperte, menschliche Wesen sind wir aufgefordert, unsere Beziehung zur Gebrechlichkeit zu verstehen, die daraus entsteht, in einem Körper zu leben. Als veränderbare menschliche Wesen sind wir aufgefordert, unsere Beziehung zu all den Veränderungen, die in unserem Leben auftauchen, zu verstehen. Als menschliche Wesen in einer ungewissen und unberechenbaren Welt sind wir aufgefordert, unsere Beziehung zur Ungewissheit zu verstehen. Das vom Buddha angesprochene Ende von *dukkha* ist mit Sicherheit keine Zauberformel, um Unsterblichkeit zu erlangen oder seinen Körper gegen alle Schmerzen zu schützen, die einem Körper widerfahren können. Das Ende von *dukkha* kommt nicht dadurch, dass wir es schaffen, Vergänglichkeit und Unbeständigkeit zu überwinden. Dukkha endet, wenn der geistige und emotionale Stress aufhört, der aus Verwirrung entsteht, wenn Gier, Hass und Verblendung aufhören. Nibanna, oder Befreiung, wie sie vom Buddha gelehrt wurde, ist ein Prozess, das Herz von all den Verzerrungen, Ängsten und Anhaftungen zu lösen, die uns Mühe und seelischen Schmerz bringen. Das Ende von *dukkha* ist möglich, und wir können unser Leben frei und erwacht führen. Buddhas Belehrungen zum Leiden und den Ursachen von Leid stehen neben Belehrungen zur Befreiung. Die Belehrungen zu den Möglichkeiten unseres Herzens, in Stress und Kummer zu versinken, stehen neben den Belehrungen, die die

Möglichkeit jedes Herzens zu grenzenloser Freundlichkeit, Mitgefühl, Freude und Gelassenheit beschreiben.

Obwohl wir um die Verletzlichkeit unseres Körpers und unserer Sterblichkeit wissen, verleugnen wir diese Wahrheit aus Angst und Ablehnung. Obwohl wir wissen, dass alles vergänglich und unbeständig ist und dass wir die Dinge nicht kontrollieren können, bleibt es herausfordernd, in diesem Wissen zu leben. Das größte Geschenk des Mitgefühls, das wir uns selbst und der Welt machen können, ist zu lernen, unseren Widerstand gegen das Unabänderliche loszulassen.

Die große Gabe des Buddha war es, seine Belehrungen in dem zu verwurzeln, was jeder von uns bereits weiß oder bereits erlebt hat. Was ist es, was wir bereits wissen? Wir wissen um Vergänglichkeit – unser gesamtes Leben ist Lehrstück dieser unbestreitbaren Wahrheit. Wir sehen sie in den Jahreszeiten, in unseren Lebenszeiten, in allem, was uns lieb ist, und in allem, was wir ablehnen und fürchten. Wir wissen um Ungewissheit und Unbeständigkeit – und dass unsere Welt in einem Augenblick zerbröseln kann. Wir wissen um Schmerz – und dass unser Körper auf vielfältige Art und Weise leiden kann. Wenn wir es erforschen, wissen wir rasch, dass »selbst« ein Verb ist, ein sich endlos wandelnder Prozess, unterschiedlichen Bedingungen unterworfen und davon abhängig, womit wir uns im Moment identifizieren. Wir wissen, dass Begehren, Angst und Abneigung immer nur zu mehr Kummer, Widerstand, Entfremdung und Feindseligkeit führen. Wir wissen um die Kraft von Großzügigkeit – die kleinen und großen Gesten der Großzügigkeit, die unser Leben veredeln; die, die wir spenden, und die, die wir erhalten. Wir wissen um die Kraft der Achtsamkeit, um uns unserer inneren und äußeren Welt bewusst zu werden. Wir wissen, dass Achtsamkeit unser Herz beschützt und uns tiefgründiges Verständnis ermöglicht und uns so erlaubt, mit ganzem Herzen zu leben. Wir wissen um die Kraft von Freundlichkeit und Mitgefühl, um Spaltung und Entfremdung zu heilen. Wir wissen, dass Festhalten und Anhaften nur zu Unruhe und Enge führen und dass sie unsere Welt kleiner und ängstlicher machen. Wir kennen die Freiheit, nicht anzuhaften. Wir wissen um den Wert innerer Stille, um ruhiges Verweilen, das Zuhören und Empathie ermöglicht. Wir wissen, dass wahre Freude und wahres Glück unserem Inneren entspringen, und dass es nichts gibt, was wir erlangen könnten, das ein unzufriedenes Herz wirklich erfreuen würde. Wir wissen, dass wir alle miteinander verbunden sind: Niemand steht alleine da, und unser eigenes Leben selbst beruht auf dem Leben vieler anderer. Und vielleicht am wichtigsten ist das Wissen darum, dass wir Entscheidungsfreiheit besitzen. Achtsamkeit erhellt die Welt unserer Erfahrungen und die Art und Weise, wie unsere persönliche Welt von Moment zu Moment entsteht und gestaltet wird. In diesem Licht wird es uns möglich, nachzuvollziehen, wie Stress entsteht. Mit Achtsamkeit beginnen wir ebenso wahrzunehmen, wie wir jene Herzensqualitäten kultivieren können, die den Stress beenden. Wir können uns also entscheiden, welchen Weg wir gehen und wie wir unsere Welt gestalten – Augenblick für Augenblick.

Mit einem erwachten Herzen und in einem erwachten Leben leben wir im Lichte dessen, was wir wissen und in der Tiefe verstanden haben, und wir verkörpern und verwirklichen unser Wissen durch grenzenlose Freundlichkeit, Mitgefühl, Freude und Gelassenheit. Dennoch werden wir Momente der Enttäuschung erleben, in denen unser Wissen nicht mit der Art, wie wir leben, sehen, denken und handeln, übereinstimmt. Wir wollen großzügig leben, doch sorgen uns um das, was wir verlieren könnten, und halten an allem fest, was wir »meins« nennen. Wir wollen in unseren Begegnungen so viel Freundlichkeit und Mitgefühl wie möglich verkörpern, doch wir reagieren gereizt und intolerant. Wir verpflichten uns der Achtsamkeit, doch unsere Gewohnheiten haben uns fest im Griff. Wir sehnen uns nach Ruhe und Stille, doch sind stattdessen aufgeregt und rastlos. Unstimmigkeit fühlt sich nicht gut an. Und angesichts dieser Kluft, die sich zwischen unserer Absicht und der gelebten Realität unseres Lebens zeigt, neigen wir dazu, uns für unser Versagen zu verurteilen oder zu verzweifeln.

Wenn wir uns dem Erwachen widmen und darum bemüht sind, uns am Erwachen und an der Heilung der Welt zu beteiligen, dann gehen wir mit dieser Unstimmigkeit anders um. Wir verstehen, dass eben dies die Schule unseres Lernens und Erwachens ist. Genau hier können wir gründlich erforschen, wann wir achtlos sind und was unsere Absicht, ein erwachtes Leben zu führen, sabotiert und untergräbt. Der Buddha hatte sich dazu verpflichtet, genau zu erforschen, was Stress ist, weil er wusste, dass er nur so beendet werden kann. Das Chaos, die Verwirrung und die Mühe, die uns so bekannt sind, sind kein lebenslanges Urteil. Sie werden Moment für Moment durch Verwirrung erschaffen. Indem wir genau verstehen, aus was Verwirrung besteht, können wir sie einen Moment nach dem anderen auflösen. Zu lernen, diesen einen Augenblick von Leid zu befreien, ist der Grundstein, um zu verstehen, wie wir die Verwirrung beenden und das Herz befreien.

Der Buddha hat die vier grundlegenden Wurzeln der Verwirrung und des Kämpfens benannt. Die erste ist die Tendenz, in einem dynamischen Leben, das sich beständig verändert, Beständigkeit zu sehen und zu suchen. Die zweite Wurzel besteht darin, Schönheit in dem zu sehen, was nicht unbedingt schön ist. Wir erwarten Glück von Dingen, die uns kein nachhaltiges Glück bringen können, und wir sind verzaubert nicht nur von der Welt der Objekte, sondern auch von unseren eigenen Fantasien über das Glück, das diese Objekte, Ereignisse und Erfahrungen bringen werden. Die dritte Wurzel ist die Tendenz, das Unbefriedigende als befriedigend zu betrachten. Ohne Vertrauen geben wir uns mit einer Welt von Verwirrung und Verzweiflung zufrieden, die nur flüchtige Momente des Vergnügens bereithält. Die vierte Wurzel schließlich ist, ein unabhängiges Selbst in allen Dingen zu sehen. Die Tendenz, uns selbst durch veränderliche Phänomene wahrzunehmen und zu definieren, und den Dingen eine unabhängige Selbstexistenz zuzuschreiben, tritt in jedem Moment der Anhaftung auf. Solange diese verzerrten Sichtweisen unhinterfragt bleiben, darauf hat der Buddha hingewiesen, entsteht Stress immer wieder von Neuem. Sie sind jedoch tief in unserem Bewusstsein verwurzelt, und ein fruchtbarer Boden, auf dem Begehren, Abneigung, Angst und Anhaften wachsen können. Sie sind auch der Treibstoff, damit der Stress endlos weitergehen kann. In jedem stressigen oder konfliktvollen Moment können wir lernen, innezuhalten und die Bestandteile des Stresses untersuchen. Wir können unser Herz befreien, unseren Streit mit dem Unbestreitbaren beiseitelegen und beginnen, im Lichte dessen zu leben, was wir wissen – mit einem verkörperten Verständnis. Eine tiefgehende Erforschung unserer Erfahrungen, um die Ursache von Stress herauszufinden, ist das Wichtigste, das wir tun können, um den Stress zu beenden.

Der Buddha hat zahlreiche Wege der Befreiung gelehrt. Damit die Pfade von Freundlichkeit, Mitgefühl, Freude und Gelassenheit tatsächlich zu einer Befreiung des Herzens führen können, müssen sie in einem tiefgründigen Verständnis verwurzelt sein. Wenn die Brahmaviharas wirklich kultiviert werden, führen sie zur Freiheit und zum Erwachen. Damit diese Qualitäten auch wirklich solche Pfade sind, müssen sie sich auf Gier, Hass und Verblendung beziehen, die Qualitäten, die Freiheit verhindern. Jede der Brahmaviharas hat sogenannte »nahe« und »entfernte Feinde«.

Der nahe Feind von Metta oder grenzenloser Freundlichkeit ist die eigennützige Zuneigung, eine Form der Freundlichkeit, die jene miteinschließt, die wir lieben, aber jene ausschließt, mit denen wir zu kämpfen haben oder die wir nicht kennen. Es ist eine beschränkte und bedingte Freundlichkeit, die eine wohlwollende Erwiderung verlangt, um aufrechterhalten zu werden. Sie ist davon abhängig, dass andere Menschen unsere Erwartungen und Bedürfnisse erfüllen, und sie wandelt sich in Kälte, wenn diese Bedürfnisse enttäuscht werden. Der entfernte Feind der Freundlichkeit ist die schmerzhafte Feindseligkeit, die wir gegenüber schwierigen Personen empfinden oder selbst gegenüber geliebten Menschen, wenn wir meinen, sie hätten uns im Stich gelassen. Bedingte Freundlichkeit erstreckt sich neben unseren zwischenmenschlichen Interaktionen auf alle Ereignisse und Erfahrungen, denen wir nur dann Aufmerksamkeit schenken, wenn sie uns erfreuen oder befriedigen. Wir sehen in den nahen und entfernten Feinden echter Freundlichkeit Ansätze sowohl von Feindseligkeit als auch von Begehren, die entscheidend dazu beitragen, immer wieder aufs Neue Stress entstehen zu lassen.

Der nahe Feind von Mitgefühl ist Mitleid; sein entfernter Feind ist Grobheit, oder der Wunsch, einen anderen zu verletzten. Wahres Mitgefühl lehrt uns, uns Schmerz und Kummer zuzuwenden, sie in unseren Knochen zu spüren, und auf sie mit Fürsorge und dem Wunsch, den Kummer zu heilen, einzugehen. Selbst wenn wir wissen, dass es unmöglich ist, alles Leid in dieser Welt zu heilen, so handeln wir dennoch so, als ob es möglich wäre. Selbst wenn wir wissen, dass Gier, Hass und Verblendung nie enden werden, so leben wir dennoch so, als ob es möglich wäre, sie zu beenden. Mitleid mag wie Mitgefühl erscheinen, doch es hält einen sicheren

Abstand zum Schmerz. Wenn wir jemanden bemitleiden, können wir zwar helfen, doch lassen wir uns nicht empathisch auf das Leiden des anderen ein, das uns vielleicht zutiefst beunruhigt. Während Mitleid jede Innigkeit mit Schmerz fürchtet, begrüßt Mitgefühl diese Beunruhigung und gleicht sie mit Freude und Gelassenheit aus. Durch Mitleid wird das Gefühl von »ich« und »die anderen« fest verankert. Durch echtes Mitgefühl werden alle Vorstellungen von »ich« und »andere« durchschaubar. Indem wir angesichts von Schmerz Mitgefühl kultivieren, lernen wir, die Abgrenzung zum »selbst« aufzulösen, die auf Anhaftung und Verwirrung gründet.

Wenn wir unermessliches Mitgefühl als einen Grundbaustein eines erwachten Herzens kultivieren, finden wir den Mut, seinen entfernten Feind zu entwurzeln – den Impuls, uns selbst oder anderen durch harte oder grobe Gedanken, Worte oder Taten zu schaden. Wir beginnen, die Angst, die hinter dieser Härte liegt, zu spüren und begegnen dieser Angst mit Mitgefühl. Wir nehmen das tiefe Leiden, die Entfremdung und den Schmerz wahr, die aus Grobheit oder dem Wunsch einem anderen zu schaden, hervorgehen. Wir gelangen zu der tiefen Erkenntnis, die auch der Buddha entdeckt hatte – dass Hass niemals durch Hass geheilt wird. Wir verpflichten uns, Hass durch verkörperten Mut und Mitgefühl zu beenden.

Der nahe Feind der Freude ist Überschwänglichkeit; ihr entfernter Feind Verbitterung. Die Vitalität von Überschwänglichkeit und Leidenschaft gefällt uns, doch sie kann dazu führen, dass wir achtlos werden. Wir lassen uns ganz auf das ein, von dem wir glauben, dass es uns ermuntert und animiert. Wenn jedoch die Quelle unserer Lebendigkeit im Außen liegt, kann zu leicht Begehren entstehen. Dabei vergessen wir die stillere Freude, die daraus entspringt, dass wir in diesem Leben, das von uns Aufmerksamkeit fordert und nicht Konsum, vollkommen präsent sind. Um uns vollkommen lebendig zu fühlen, suchen wir nach Intensität und jagen einer Gipfelerfahrung nach der anderen nach. Freude verlangt Stille und Empfänglichkeit; Überschwänglichkeit verführt uns zu Erregung. Ein befreites Herz versteht das Ende aller Erregung.

Der entfernte Feind von grenzenloser, wertschätzender Freude ist Verbitterung. Wir betrachten die Welt und andere Menschen mit einem Gefühl von Neid und Mangel. Sowohl Neid als auch Mangel schüren Begehren und Abneigung, die schädlichen Muster, die Stress verursachen. Indem wir unermessliche Freude kultivieren, gewinnen wir die Quellen von Wertschätzung, Zufriedenheit und Fröhlichkeit zurück, die in unseren Herzen liegen. Wir hören auf, uns selbst und andere zu vergleichen, zu beurteilen und zu bewerten, weil wir wissen, dass dies nur die Verblendung und die Trennung in »ich« und »andere« stärkt. Wertschätzende Freude ist das Zuhause des erwachten Herzens und kann in jedem Moment unseres Lebens entdeckt werden.

Der nahe Feind von Gelassenheit ist Gleichgültigkeit; sein entfernter Feind ist das Anhaften. Gleichgültigkeit wird nur durch Taubheit möglich, und Taubheit entsteht, wenn wir uns angesichts des Leids in uns selbst und in der Welt hilflos und ängstlich fühlen. Wenn es uns unmöglich ist, den Schmerz in uns und um uns herum zu ertragen, und wenn wir uns auf dem Pfad von Veränderung und Heilung wirkungslos fühlen, dann sind wir verleitet, eine Zuflucht in Gleichgültigkeit zu suchen. Ein Kind, das mit dem Auseinanderbrechen der Familie und mit Einsamkeit konfrontiert war, gestand: »Mich zu sorgen ist zu schmerzvoll.« Es kann zutiefst schmerzhaft sein, sich zu sorgen, doch in einer Welt, in der es sowohl Leid als auch Möglichkeiten gibt, ist Fürsorge das, was von uns verlangt wird. Wenn wir tief in Freundlichkeit, Mitgefühl und Freude verwurzelt sind, dann haben wir die inneren Ressourcen, die es uns ermöglichen, zutiefst fürsorglich zu sein und dennoch nicht überfordert zu werden von dieser konfliktbeladenen Welt. Gelassenheit ist unsere größte Stärke, wenn wir unser Herz von den Extremen des Begehrens und der Abneigung befreien wollen. Gelassenheit ist unser größter Verbündeter, wenn wir uns einer Welt zuwenden, die von Begehren und Abneigung verwundet ist.

Indem wir unsere Fähigkeit zu grenzenloser Gelassenheit kultivieren, hören wir auf, an Ereignissen und Erfahrungen anzuhaften. Wo Anhaftung ist, dort ist Stress. Wo Anhaften ist, dort existiert das getrennte und beschränkte »Selbst«. Wir beginnen, dies wirklich zu verstehen, und lernen, mit unerschütterlicher Ausgeglichenheit inmitten aller Dinge zu stehen. Wir erahnen die Freiheit, wenn wir nicht länger von Begehren, Abneigung und Anklammern gefangen gehalten sind. Gelassenheit wird von Moment zu Moment kultiviert, und seine Verwirklichung ist Befreiung.

Jede der Brahmaviharas hat eine emotionale Komponente. Die Momente spontaner Freundlichkeit, die ab und zu in unserem Leben auftauchen, haben die emotionale Komponente von Wärme und Zärtlichkeit. Mitgefühl bringt die emotionale Qualität einer tiefen Fürsorge, Verbundenheit und Empfänglichkeit mit sich. Freude hat die emotionale Komponente von Fröhlichkeit, Lebendigkeit und Vitalität. Die emotionale Komponente von Gelassenheit ist kühle Ausgewogenheit, Gleichgewicht und Standhaftigkeit. Auch nur flüchtige Eindrücke dieser Qualitäten, die oft unaufgefordert und unerwartet auftauchen, bieten uns die Möglichkeit, diese Qualitäten in unseren Herzen zu erkennen und ihnen zu vertrauen. Wir alle tragen den Samen für seelische Reife und Freiheit in unserem Herzen. Sie sind die Samen für Freundlichkeit, Mitgefühl, Freude und Gelassenheit, die in uns bereits vorhanden sind.

Um diese Samen aufblühen zu lassen, sind wir aufgefordert, uns zu einer Seinsweise zu verpflichten, die auf der Absicht beruht, Freundlichkeit, Mitgefühl, Freude und Gelassenheit in dieser Welt zu kultivieren. Das Kultivieren der Brahmaviharas ist kein Versuch, bestimmte emotionale Erfahrungen zu wiederholen oder zurückzugewinnen, sondern die Möglichkeit, unsere Fähigkeit zu stärken, jedem Moment unseres Lebens mit Freundlichkeit, Mitgefühl, Freude und Gelassenheit zu begegnen. Das ist unsere Absicht. Ein römischer Philosoph hat einst gesagt: »Wir tänzeln durch das Leben wie Marionetten, am Ende der Fäden unserer Impulse.« Die Verpflichtung zu Freundlichkeit, Mitgefühl, Freude und Gelassenheit bedeutet eine andere Seinsweise – entsprechend der Absicht zu leben, Angst und Stress zu beenden. Es heißt, dass der ganze Pfad des Erwachens auf der Absicht beruht. Die Absicht, erwacht zu sein, das heißt, die Absicht mit Freundlichkeit, Mitgefühl, Freude und Gelassenheit zu denken, zu sprechen und zu handeln, ist nicht eine, die wir einmal formulieren. In jedem Moment, wenn wir handeln, sprechen oder sonstwie mit der Welt verkehren, erinnern wir uns daran, dass wir uns entscheiden können. Wir können dem eingefahrenen und altbekannten Weg der Gewohnheiten von Abneigung, Misstrauen und Begehren folgen oder wir können unser Herz auf den Weg des Erwachens bringen. Wir können lernen, unsere Absicht darauf zu richten, unser Leben von Einsicht und Fürsorge leiten zu lassen.

Wenn wir Freundlichkeit im Geist kultivieren, kappen wir die Wurzeln der giftigen Kraft der Feindseligkeit. Indem wir die Absicht kultivieren, uns mit jedem Moment, jedem Menschen und jedem Ereignis anzufreunden, üben wir uns in Großzügigkeit und lernen, fürsorglich zu sein. Freundlichkeit schützt unser Herz, wenn die Abneigung danach greift, sie beschützt nicht nur unser Herz, sondern auch die Welt. Wenn wir die Absicht, uns mit allen Momenten und allen Menschen anzufreunden, ins Zentrum unserer Gedanken, Worte und Taten stellen, entdecken wir erfahrungsgemäß, dass sich nicht nur die Gestalt unseres Geistes in diesem Augenblick ändert, sondern auch die Gestalt unserer Welt. Wir lernen, dass wir nicht nur mit Ereignissen und Menschen Freundschaft schließen können, egal wie schwierig sie sein mögen, sondern dass wir uns auch mit unserem ganzen Sein anfreunden können, egal wie schwierig wir sein mögen. Die kleinen Momente, in denen wir bemerken, wie sich unsere Herzen von Abneigung auf Freundlichkeit umstellen, zeigen die Möglichkeit, dass Freundlichkeit in unser Herz einzieht. Das, was wir im Herzen kultivieren, wird unsere Gedanken, Worte und Taten leiten.

Es gibt eine alte Lehre, die uns ermutigt: »Wohin auch immer unser Blick fällt, möge er von Freundlichkeit und Respekt erfüllt sein.« Wir lernen, allen Momenten mit Respekt zu begegnen. Wir verstehen, dass alles von Bedeutung ist. Die Lehre geht so weiter: »Nimm den kleinsten Ausdruck von Feindseligkeit nicht auf die leichte Schulter, in dem Glauben, dass er wenig Schaden anrichtet. Selbst ein kleiner Funke vermag einen Berg in Brand zu setzen. Ebenso nimm die kleinen Taten und Worte der Freundlichkeit nicht auf die leichte Schulter, in dem Glauben, dass sie keinen Unterschied machen. Die großen Ozeane werden von Wassertropfen gefüllt, einer nach dem anderen.« Den Geist zu Freundlichkeit zu verpflichten, lehrt uns, auf die tiefste ethische Weise in dieser Welt zu leben. Wir werden uns selbst und anderen ein guter Freund oder eine gute Freundin, vertrauenswürdig, ehrlich und verlässlich.

Mitgefühl umfasst sowohl die Hingabe, Leid und seine Ursachen zu verstehen, als auch die Verpflichtung, es zu beenden. Mitgefühl lehrt uns, die Pfade von Abkehr und Verleugnung zu verlassen. Wir lernen, uns furchtlos diesem schwierigen Leben zuzuwenden. Mit Mitgefühl lernen wir viel über Vergebung. Mitgefühl lehrt uns, nicht zu beschuldigen, sondern uns zu verpflichten, Gier, Hass und Verblendung zu beenden, die so viel Leid bringen. Wir entdecken, dass Mitgefühl grenzenlos und unermesslich ist und alle Wesen miteinschließt. Mitgefühl bringt uns dazu, uns mit denen anzufreunden, die keine Freunde haben, die Schutzlosen zu beschützen und ein Licht für jene zu sein, die verloren sind. In diesem Leben gibt es keine höhere Motivation oder Absicht als die, bei allem, was wir tun, Mitgefühl, Empathie und Resonanz im Herzen zu tragen.

Wenn wir Freude kultivieren, erfahren wir, wie sehr wir die Ideologie von Unzulänglichkeit und Mangel verinnerlicht haben. Das gibt uns eine tiefe Einsicht in die Wurzeln des Begehrens, das unser Leben beherrschen kann, und zeigt uns, wie wir von Moment zu Moment lernen können, zu einem aufrichtigen Gefühl innerlicher Genügsamkeit zurückzukehren. Zufriedenheit, Wertschätzung und Frieden können das Zuhause unseres Herzens sein. Freude lehrt uns, den vergleichenden und beurteilenden Geist loszulassen, der immer wieder die Unterscheidung von »ich« und »die anderen« betont. Das Verständnis, das entsteht, wenn wir Freude kultivieren, befreit den Geist aus dem engen Gefängnis von Begehren und Trennung.

All diese edlen Verweilstätten beruhigen die Stimme des »selbst«. Im Herzen der Gelassenheit liegt ein tiefgründiges Verständnis von Wesenlosigkeit. Da ist das Verlöschen von »ich« und »du«, »selbst« und »andere«, »mein« und »dein«. Der Grund aller Verwirrung wird aufgelöst, und Gier, Hass und Verblendung können ein Ende finden. Gelassenheit, erfüllt von Freundlichkeit, Mitgefühl und Freude, wird unerschütterlich, und wir lernen ein Herz kennen, das erwacht ist. Das Herz erwacht und wird befreit durch das Verständnis von Leid und dessen Ursachen. Das Herz wird befreit, wenn Gier, Hass und Verblendung verlöschen. Die edlen Verweilstätten Freundlichkeit, Mitgefühl, Freude und Gelassenheit werden grenzenlos und sind durch nichts zu erschüttern, wenn sie in einem solchen tiefgründigen Verständnis verwurzelt sind. Schritt für Schritt und Augenblick für Augenblick fühlen wir uns zu Hause in jenen Qualitäten vertraut, die unser Leben und unser Herz veredeln und die uns ein erwachtes Leben schenken. In diesem zerbrechlichen Leben, das so einfach von Leid gebrochen und zerrissen wird, erkennen wir, dass einzig Freundlichkeit, Mitgefühl, Freude und Gelassenheit Sinn ergeben. Wie der Buddha sagte: »Wir verweilen in Freundlichkeit, Mitgefühl, Freude und Gelassenheit, egal ob wir stehen, sitzen, gehen oder liegen. Es gibt keine erhabenere Weise, auf dieser Welt zu leben.« Das ist die Essenz eines befreiten Herzens, das unerschütterlich in Freundlichkeit, Mitgefühl, Freude und Gelassenheit verwurzelt ist.

ANMERKUNGEN

1 Nach John Peacocks Übersetzung eines singhalesischen Texts, dem Singhalese Pirit Book. Dies ist ein Gebetsbuch von Segenssprüchen, das von Mönchen verwendet wird. Es wurde nicht publiziert, aber Passagen eines Pirits-Buches werden oft dem Pali-Kanon entnommen (ohne Quellenangabe).

2 Übertragen nach John Peacocks Übersetzung des Mettā-Suttas (Karniya mettasutta, Sutta Nipata 143–52), 2016. Unveröffentlicht.

3 Patrul Rinpoche, The Words of My Perfect Teacher: A Complete Translation of a Classic Introduction to Tibetan Buddhism, nach der Übersetzung der Padmakara Translation Group (San Francisco: Harper San Francisco, 1994).

4 Dhammapada, nach der Übersetzung von Ven. Narada Thera (London: John Murray, 1954).

5 Shantideva, A Guide to the Bodhisattva Way of Life, übers. Vesna A. Wallace und B. Alan Wallace (Ithaca: Snow Lion Publications: 1997). Siehe auch Geshe Sonam Rinchen, The Thirty Seven Practices of a Bodhisattva: An Oral Teaching, übers. Ruth Sonam (Ithaca: Snow Lion Publications, 2001).

6 Bhikkhu Bodhi, The Connected Discourses of the Buddha: A Translation of the Samyutta Nikaya (S.47:19) (Somerville: Wisdom Publications, 2000).

7 Nach John Peacocks Übersetzung des Mettā-Sutta, 2016. Unveröffentlicht.

8 Bhikkhu Nanamoli und Bhikkhu Bodhi, übers., The Middle Length Discourses of the Buddha: A Translation of the Majjhima Nikaya (Sommerville: Wisdom Publications, 1995).

9 Bhikkhu Nanamoli, übers., The Path of Purification, Buddhaghosa (Sri Lanka: Buddhist Publication Society, 1979).

10 Nach John Peacocks Übersetzung des Mettā-Sutta, 2016. Unveröffentlicht.

11 Richard Selzer, Mortal Lessons: Notes on the Art of Surgery (Orlando: Harcourt Brace, 1996).

12 Shantideva, A Guide to the Bodhisattva Way of Life. Vgl. Anmerkung 6.

13 Dhammapada, nach der Übersetzung von Ven. Narada Thera (London: John Murray, 1954).

14 Oliver Sacks, A Leg to Stand On (New York: Touchstone, 1984).

15 Longchen Rabjam, »Finding Comfort and Ease in Meditation on the Great Perfection,« in Dalai Lama XVI, Mind in Comfort and Ease: The Vision of Enlightenment in the Great Perfection, hrsg. Patrick Gaffney, übers. Matthieu Ricard, Richard Barron und Adam Pearcy (Sommerville: Wisdom Publications, 2007), 227–252. Siehe auch Herbert V. Guenther, Kindly Bent to Ease Us, Vols. 1–3 (Berkley: Dharma Publishing, 1975–76)

16 Nach einer Übersetzung von Maurice Walshe, The Long Discourses of the Buddha: A Translation of the Digha Nikaya (Somerville: Wisdom Publications, 1995).

17 Nach John Peacocks Übersetzung eines singhalesischen Texts, dem Singhalese Pirit Book. Unveröffentlicht.

Zur Autorin

Christina Feldman hat einige Jahre in Asien verbracht und in der Theravada-Tradition praktiziert, bevor sie 1975 begann, den Dharma im Westen zu lehren. Sie ist Mit-Gründerin des Gaia Haus Retreat Centers in England und lehrt an der Insight Meditation Society in Massachusetts, USA. Sie hat mehrere Bücher veröffentlicht, unter anderem im Arbor Verlag, zusammen mit Jack Kornfield: »Geschichten des Herzens«.

Weitere Literatur aus dem Arbor Verlag

ISBN 978-3-924195-90-8

SHARON SALZBERG

Metta-Meditation

Buddhas revolutionärer Weg zum Glück

Metta steht für Freundlichkeit und Wohlwollen und gilt als eine der wichtigsten buddhistischen Tugenden. Metta lehrt uns, das Herz bei Leid und Belastung nicht zu verschließen, sondern uns selbst und anderen Menschen liebevolle Güte entgegenzubringen. Sharon Salzberg, die die Metta-Meditation im Westen bekannt gemacht hat, zeigt, wie wir dieses Wohlwollen als innere Haltung kultivieren können.

ISBN 978-3-86781-106-4

JACK KORNFIELD &
CHRISTINA FELDMAN

Geschichten des Herzens

Inspirierende Weisheitsgeschichten aus aller Welt

> *Alle diese Geschichten sind Edelsteine – strahlende Weisheit aus allen Traditionen und Zeitaltern. Christina Feldman und Jack Kornfield bieten uns ein abwechslungsreiches Menü, das das Leben zahlreicher Menschen nachhaltig bereichern wird.*
>
> Jon Kabat-Zinn

ISBN 978-3-86781-145-3

CHRISTOPHER GERMER

Der achtsame Weg zum Selbstmitgefühl

Wie man sich von destruktiven Gedanken und Gefühlen befreit

Selbstmitgefühl heißt, sich so mitfühlend um sich selbst zu kümmern, wie wir uns um einen geliebten Menschen kümmern würden. Einfühlsam und zugleich ganz praktisch vermittelt dieses Buch, wie Sie einen liebevollen Umgang mit sich selbst kultivieren können: gut zu sich selbst zu sein und sich das Mitgefühl entgegenzubringen, das Sie am dringendsten brauchen.

Arbor Seminare

Die gemeinnützige *Arbor-Seminare gGmbH* organisiert regelmäßig Seminare und Weiterbildungen mit führenden VertreterInnen achtsamkeitsbasierter Verfahren. Zudem informiert sie über aktuelle Entwicklungen in diesem Bereich und trägt Achtsamkeit auf diese Weise nachhaltig in die Gesellschaft. Nähere Informationen finden Sie unter:

www.arbor-seminare.de

Arbor Online-Center

Mit dieser Plattform hat Arbor einen virtuellen Ort der Inspiration und des Lernens rund um das Thema Achtsamkeit geschaffen. Lernen Sie die AutorInnen unserer Bücher und die ReferentInnen unserer Veranstaltungen kennen: in Interviews, Vorträgen, Meditationsübungen, Webinaren, Podcasts sowie Online-Kursen und zahlreichen weiteren Ressourcen.

www.arbor-online-center.de